KURT KNAAK

Treue Bernhardiner

Vom Großen Sankt Bernhard haben die berühmten Bernhardinerhunde ihren Namen, dort wurden sie, im Hospiz der Augustiner-Chorherren, zu Lawinenhunden ausgebildet, dort lebten auch ihre berühmtesten Ahnen, die Barrys. In alle Welt drang die Kunde ihrer Rettungstaten, die zweitausend Menschen vor dem „weißen Tod" bewahrte, und ihres selbstlosen Einsatzes. Kurt Knaak, einer der meistgelesenen Tierbuchautoren, hat uns die mehr als zweihundertjährige Geschichte ihrer Entwicklung und Verbreitung und die Lebensgeschichten der bekanntesten Bernhardiner in lebendigen Portraits aufgezeichnet.

GÖTTINGER JUGENDBÜCHER

KURT KNAAK

Treue Bernhardiner

W. FISCHER-VERLAG · GÖTTINGEN

Bildnachweis

Seite 8:	Nach einem Ölgemälde von Leuenberger im Gymnasium zu Sitten (Wallis) aus dem Jahre 1893
Seite 56 oben:	Naturhistorisches Museum in Bern
unten:	Zeichnung von Friedrich Steger (nach einem historischen Foto)
Seite 72 oben:	Riproduzione Vietata
unten:	Foto des Autors
Seite 112 oben:	Foto des Autors
unten:	Bavaria-Verlag, Gauting

ISBN 3 439 00621 2

Titelfoto: Bavaria-Verlag, Gauting
Innenzeichnungen: Hans Arlart
Gesamtherstellung: Fischer-Druck, Göttingen

INHALT

Im Schatten der Weltgeschichte

Die Maiensonne des Jahres 1800 strahlte über den Alpen. Die Talhänge des Wallis aperten unter ihrem belebenden Hauch, und machtvoll drängten den schmelzenden Schneerändern aus der lockerfeuchten Erde Soldanellen und Enzian nach, rosig die zarten Glöckchen und tiefblau die stengellosen Kelche dieser Künder des Sommers.

Auf den Matten oberhalb der Baumgrenze und auf den Wildheusimsen der Bergbauern lugten schwefelgelbe Anemonen und karminrote Alpenveilchen aus dem humosen Grund und lockten mit ihrem zarten Wohlgeruch Erdbienen und Hummeln an.

Immer bunter bestickten sich die Matten von Tag zu Tag. Frühlingskuhschellen und weiße Teufelskrallen erhoben neugierig ihre Blütenköpfe. Die blauen Bergflockenblumen und die gelbkugligen Trollblumen wollten nicht die letzten sein, die der Maiensonne huldigten, und wer Ohren hatte, zu hören, und Augen zum rechten Sehen, wie Pierre Moret aus Liddes im Tale Entremont, der vernahm in diesen Tagen in den Bergwäldern nicht nur das Zirpen verliebter Schneemäuse, sondern erfreute sich auch an dem Gesang der Laubsänger, Drosseln und Schmätzer, und hatte sein Vergnügen am Spiel der aus dem Winterschlaf erwachten Murmeltiere.

Ja, der Moret hatte seine Sinne allüberall, trotz seiner mehr als sechzig Lebensjahre, und fühlte sich rüstig wie je zuvor. Deshalb dachte er noch längst nicht daran, seinen Dienst als Schullehrer aufzugeben; denn der Umgang mit der Jugend wie auch seine täglichen Wanderungen dünkten ihn sein Lebenselexier. Und damit nicht genug, teilte er gern anderen seine Erfahrungen und Wahrnehmungen mit, auf daß sie sich abends am Stammtisch oder wo auch immer gleich ihm daran ergötzten.

Aber seltsamerweise fand er in diesen Tagen bei seinen Bekannten wenig Gehör. Überall, wohin er sich wandte, begegnete er mancherlei Gerüchten, die die Weltgeschichte in düsteren Farben malten. Anfänglich wollte der Alte den Reisenden, die von Martigny über den Paß des Großen Sankt Bernhard ins Italienische nach Aosta strebten, nicht recht glauben, aber schließlich wurde er angesichts der immer stärker einrückenden französischen Soldaten eines Besseren belehrt. Auch zu ihm kamen sie und begehrten gutes Quartier und reichlich Verpflegung. Heute waren es die Husaren, drei Tage später Sappeure, bis ihnen die Artilleristen folgten, Keller und Hausboden durchstöberten und alles mitgehen ließen, was sie irgend gebrauchen konnten.

Was nützte es, daß Pierre Moret, wütend über soviel Unverstand, über Diebstahl und Unsitte, die Fäuste ballte? Was erreichte seine Frau Theresa mit ihren heftigen Tränenausbrüchen, als ein frecher Kanonier die letzten Vorräte stibitzte? Nichts! Der ihre Beschwerde entgegennehmende Hauptmann tat wohlwollend, als er zusagte, daß alles auf Heller und Pfennig bezahlt würde, aber nie-

Bergung verunglückter Paßgänger
(nach einem Ölgemälde)

mand von den französischen Kommissären dachte daran, auch nur einen Gutschein über die entstandenen Verluste auszustellen.

Ganz andere Sorgen als die der Bevölkerung bewegten die verantwortlichen Staatsräte im Regierungsgebäude des Wallis, in Sitten. Im Namen Napoleons, des Ersten Konsuls von Frankreich, forderte der dort stationierte General Turreau die Aufstellung von 6000 Schweizern, die eine französische Reservearmee von mehr als 40000 Mann, achtundfünfzig Kanonen und fünftausend Pferden über das Gebirge bringen sollten.

„Wo sollen wir sechstausend kräftige Männer hernehmen?" fragten sich die Herren verzweifelt. — „Wer garantiert uns dafür, daß die Leute nicht zum Kampf gegen die Österreicher in Italien gepreßt werden?" — „Noch bluten die Wunden, die uns die Franzosen zufügten, als sie vor zwei Jahren unser Land besetzten. Mütter weinen um ihre gefallenen Söhne, Frauen um ihre verlorenen oder verstümmelten Männer und unzählige Waisen um ihre toten Väter!" — so schwirrte es durch den Saal.

Auf und ab gingen die Wogen der Erregung und Bitternis gegenüber den Besatzern, aber zu guter Letzt siegte die Einsicht in die unausweichliche Lage, und ehe der übernächste Tag verging, waren siebenhundert Gestellungsbefehle hinausgeschickt. Manch einer der Gezogenen versteckte sich, andere wurden flüchtig, aber dennoch wuchs die Zahl der verpflichteten Männer, die Straßen und Saumwege ausbesserten.

Pierre Moret sah, wie die Sappeure vor seinem Hause Baracken errichteten und die Artilleristen ihre Kanonen und Kartätschen für den Transport zerlegten. Überall wimmelte es vor Geschäftigkeit. Selbst in den Wäldern regten sich Tausende von Männerfäusten, die eine Unzahl Stämme fällten und sie zur Aufnahme der Geschützrohre aushöhlten. Bis hoch hinauf nach Bourg-Saint-Pierre loderten die nächtlichen Lagerfeuer der welschen Truppen.

Und dann war es endlich soweit, daß sich der endlos lange Heerzug bergwärts wandte. Noch nie hatten die Bewohner des Entremont-Tales solch ein buntes Gewimmel von Soldaten aller Waffengattungen, Mannschaften und Offizieren, Pferden und Maultieren gesehen. Fünf Tage lang hielt die Truppenbewegung an. Brücken brachen unter der Last der Geschütze und mußten wieder mühsam instand gesetzt werden. Oft holte man die Bauern aus ihren Häusern und ließ sie in Eile scharwerken. Ging die Arbeit ihrer Hände nicht schnell genug, dann hagelte es Flüche und gab es auch Tritte, bis der Heerzug wieder bergwärts strebte.

Immer höher trugen die Füße über Geröll und steinige Schrunden.

Hatten sich Ernest Ferret aus Lyon und Robert Fichou aus Marseille, zwei unzertrennliche Kameraden in der ersten Schützenkompanie, anfänglich an den buntbestickten grünen Matten erfreut, so blickten sie Stunden später kaum noch hin. Ihr Mundwerk, erst noch vorlaut und rege, erstarb in der sich verdünnenden Höhenluft. Der Schweiß auf ihrer Stirn versiegte im Wallen aufkommender kühler Nebel, und als beide im Verbande ihrer Kompanie die Stiefel über frisch gefallenen Schnee setzten, da legte sich der Klimawechsel schwer auf ihre Brust. Kurzatmig traten sie vorauf. Sie spürten ihre Knie kaum mehr und fühlten ihre Kräfte schwinden. Rasch versank das Tageslicht. Die Dämmerung machte sie frösteln. Da strauchelten ihre Vordermänner und fielen in metertiefen Schnee. Fluchend erhoben sich die Überraschten, rangen um ihr Gleichgewicht und mußten ärgerlich erkennen, daß sie niemand mehr vor sich hatten.

„Vor wenigen Stunden sind hier noch unsere Husaren geritten!" schnauzte ein Offizier und trieb sein Pferd mächtig an, damit es den Männern Bahn machte. Aber der ermüdete Wallach blieb plötzlich zitternd stehen und versagte den Gehorsam. Da nützte alles Fluchen nichts, der Kapitän mußte absitzen. Vergebens suchte er nach den Spuren der Husaren; der aufkommende Wind hatte sie längst verweht.

Ferret und Fichou, die taumelnd vorwärtswankten, riefen nach ihren verschwundenen Kameraden, aber sie erhielten keine Antwort. Hinter ihnen wurden Stimmen laut. Sie lauschten, während ihre Füße sich durch den immer mächtiger anwachsenden Schnee quälten. Die zunehmende Kälte beengte ihren Atem. Sie mußten verschnaufen. „Nur munter voran, Kameraden! Bald ist es geschafft!" hallte ein kraftvoller Zuruf an ihr Ohr. Ungläubig schauten sie auf. Wer konnte in dieser trostlosen Einöde eigentlich noch so überheblich daherreden?

Im Zwielicht erkannten sie einen General. Es war General Berthier, der Oberkommandierende der Reservearmee und ein Vertrauter Napoleons, der durch sein persönliches Erscheinen die Stimmung seiner Truppen zu heben versuchte. Doch auch seine Kräfte ließen mit der Zeit nach, und seine Aufmunterungsrufe klangen immer matter. Trotz der Müdigkeit, die jedes Geräusch dämpfte, vernahm er plötzlich Schreckensrufe hinter sich. Er blickte sich um, konnte aber nichts Genaues erkennen. Also stapfte er verdrossen weiter.

Ferret und Fichou waren entkräftet vom Wege abgekommen und in eine finstere Schlucht hinabgestürzt. Bewußtlos lagen sie im tiefen Schnee. Niemand konnte sich um sie kümmern; denn jeder hatte in dieser Nacht mit sich selber zu tun.

Keine halbe Stunde später quälen sich die Kanoniere bergauf. Mit ihren froststarren Fäusten ziehen sie die Geschützrohre in den ausgehöhlten Baumstämmen hinter sich her; ab und zu müssen sie verschnaufen. Weiß nebelt ihr heißer Atem in der Frostkälte, während ihre Kameraden sich mühsam mit den Rädern und der Lafette plagen. Zuweilen haben sie auf dem vereisten Grund keinen festen Halt.

„Ich kann nicht mehr!" stöhnt plötzlich einer, taumelt zur Seite und reißt die ganze Geschützbedienung in die gähnende Tiefe. Schneegewölk wabert über der Unglücksstätte. Dann treten andere an ihre Stelle. Sie haben mehr Glück als ihre Vormänner, aber kaum sind sie an der Unglücksstelle vorüber, so bricht einer der Jüngeren zusammen. Harte Fäuste packen zu, stützen den ermüdeten Krieger und machen ihm Mut auf dem schmalen, holprigen Pfad, der längst kein Weg mehr ist und der kein Ziel mehr erkennen läßt . . .

Meter um Meter kämpft sich das Korps Berthier die Paßkehren empor, die einst der karthagische Feldherr Hannibal mit seinen Elefanten überquerte und die auch Karl der Große bezwingen mußte, um nach Italien zu gelangen. Und da sollte es einem Napoleon nicht gelingen, dem Ersten Konsul Frankreichs, den Großen Sankt Bernhard mit seinem Heere zu überschreiten?

„Meine Herren, Sie kennen den Namen dieses Hauses, in dem wir beraten", sprach er zur gleichen Stunde zu seinen Offizieren, „es heißt ‚Zur Tausendsten Meile'. Der römische Kaiser Konstantin hat diesen Meilenstein gesetzt. Seit mehr als eintausend Jahren überschreitet man diesen Paß zu jeder Jahreszeit. Er ist heute für uns wichtiger, als Sie ahnen können! In Italien bereiten die Österreicher einen Einfall nach Frankreich vor. Wir müssen ihnen zuvorkommen und ihren Plan vereiteln. Wir haben vierzehn Tage Zeit, um ihnen in den Rücken zu fallen. Je schneller Sie es schaffen, desto besser. Wie Sie es bewerkstelligen, ist Ihre Sache! Also, meine Herren — allons!"

Drohte das Unternehmen infolge der Schwierigkeiten im Hochgebirge zu stocken, so galt es jetzt, alle Bedenken über Bord zu werfen.

„Los, los, voran!" spornten die Artillerieoffiziere ihre Kanoniere an, die schweißgebadet an den Tauen zogen, um die Geschütze emporzuschaffen. Wohl halfen die Einheimischen, aber immer wieder strauchelten hier und dort Männer der Bedienung und glitten, ehe sie es sich versahen, in die nächtliche Tiefe. Entsetzt schauten die Umstehenden ihnen nach, überlegten Rettungsmaßnahmen und erkannten im gleichen Augenblick im Gedränge der nachfolgenden Soldaten die Unmöglichkeit helfender Tat.

„Vorwärts, haltet euch nicht auf!" hallte die barsche Stimme eines Korporals.

„Allons, plus vite!" näselte ein hoher Offizier, der sich für das Gelingen des Vormarsches besonders verantwortlich fühlte, und so schleppte sich der endlos lange Heerwurm stöhnend und fluchend weiter, immer weiter zur Paßhöhe empor ...

Mit Spaten und Kreuzhacken mußten zuweilen Stufen in das Eis geschlagen werden, um die letzten Hindernisse zu überwinden.

Plötzlich tauchte in einer Talsenke ein Hausgiebel auf. Sein Anblick belebte die Entdecker, aber erst nach Stunden hatten die Husaren, ihre müden Pferde am Zügel, das Hospiz erreicht.

Alle wünschten sich nichts sehnlicher als einen langen tiefen Schlaf — aber wie erschraken sie, als sie plötzlich von einer Meute bellender Hunde umringt waren, die ihnen auf Schritt und Tritt folgten, aus weiten Mäulern laut blaffend und durch ihren gewaltigen Wuchs Respekt heischend.

Wohl wehrte der eine oder andere Husar die schnüffelnden Vierbeiner aus Angst vor einem Übergriff ab, aber die mächtigen Tiere dachten gar nicht daran, jemandem wehe zu tun, im Gegenteil, sie geleiteten die Ankömmlinge sicher zum Hospiz, um plötzlich wieder zu verschwinden und ihren Führern zu folgen, die, dicht vermummt in ihren Mönchskutten, nach Verunglückten suchten.

Währenddessen empfing Ludwig Anton Luder, der Prior der Augustinerherberge, den General mit freundlicher Geste, nachdem er durch seinen Ökonom für das Wohl der Soldaten hatte sorgen lassen.

„Ich bin von Ihren stattlichen Hunden begeistert, Hochwürden!" begann Berthier das Gespräch. „Niemals hat mich ein Tier so treulich begleitet wie sie, und ich habe keinen größeren Wunsch, als einen Rüden dieser Rasse zu erwerben!"

„Ich habe großes Verständnis für Ihr Begehren, Herr General", erwiderte der Geistliche, „aber die Hunde sind unverkäuflich. Sie dienen, wie wir alle, den vielen Reisenden, die Tag und Nacht über das Gebirge kommen und erschöpft unserer Hilfe bedürfen!"

Der General schien über die Abweisung ungehalten, überwand seinen Unmut jedoch sofort, als er kurz darauf an den Hundezwinger geführt wurde, in dem die Hündin Diane drei Welpen hütete.

Sie war von dem Besuch ebensowenig erfreut wie ihr Pfleger Julius Genoud. Aus der Ortschaft Bourg-Saint-Piere stammend, diente er den Augustiner-Chorherren bereits seit vielen Jahren als Führer oder Marronier, ein Vorrecht, das nur einem Bürger dieser Ortschaft oder von Saint Rhémy am Südhang des Passes zuteil wurde. Und das war kein leichter Beruf. Er setzte nicht nur volle körperliche Gesundheit und Wetterfestigkeit voraus, nicht nur genaue Geländekenntnis zu jeder Tageszeit, sondern vor allem Liebe zum notleidenden Nächsten.

All diese Eigenschaften besaß Julius-Joseph Genoud in höchstem Maße, und nicht zuletzt war er der verständnisvolle Freund seiner Hunde, deren Wohlergehen und Führung ihm anvertraut war.

Genoud war gerade damit beschäftigt, der Hündin neues Stroh auf ihr Lager zu schütten, als der General angesichts der drei drallen Welpen in helle Begeisterung ausbrach.

„Den mit dem dunklen Stern an der Flanke möchte ich haben!" sagte er, alle Müdigkeit vergessend. „Diesen hübschen Kerl nehme ich mit!" entschied er gleich hinterher.

Tatsächlich hatte der General im Scheine der Stalllaterne keine schlechte Auswahl getroffen, aber Julius Genoud winkte stur ab; denn er dachte gar nicht daran, sich nur einen einzigen seiner Lieblinge wegnehmen zu lassen, am wenigsten den, der dem hohen Offizier gefiel. Mit unwirscher Handbewegung drängte er Berthier zurück und verschloß den Zwinger hinter sich, um verdrossen seines Weges zu ziehen, dichtauf vom Prior und dem General gefolgt, der gar nicht wußte, was er sagen sollte.

„Wir können nach so vielen Verlusten durch Krankheit und Lawinenstürze keinen Hund entbehren!" wehrte Genoud das Ansinnen energisch ab, aber der General ließ sich nicht abweisen.

„Diesen hübschen Welpen muß ich haben, koste es, was es wolle!" brummte der Haudegen und nahm eine drohende Haltung ein, aber der Marronier verlor die Ruhe nicht.

„Bedenken Sie, hoher Herr, daß die drei Welpen noch der Muttermilch bedürfen. Ohne sie würden sie elend sterben. Ihr seid ein Mann des Krieges, benehmt Euch heute als ein Mann des Friedens!"

Diese wohlgezielten Worte des Pflegers verfehlten ihre Wirkung nicht. Der General lenkte ein und beschied sich, nicht ohne beim Prior Lebewohl zu sagen und sich die Zusage geben zu lassen, daß er bei späterer Gelegenheit einen Welpen erwerben könne.

Julius Genoud atmete auf, als er sah, daß er mit seiner festen Haltung Erfolg gehabt hatte. Allerdings hing er nicht lange diesem Gedanken nach; denn nach kurzem Morgenimbiß rief ihn die harte Pflicht hinaus in die Bergeinsamkeit, wo Soldaten verunglückt waren.

Jupiter und Mars revierten bereits machtvoll voran, während die Hündin Diane sich dicht an seiner Seite hielt. Das eiskalte, neblige Wetter schien ihnen nichts auszumachen. Zuweilen waren sie weit fort, aber bald kehrten sie wieder zum Marronier zurück, der sich der Totenschlucht zuwandte, wo schon oft Verunglückte gefunden worden waren. Aus dem Tal griff der Wind Nebelfetzen auf und wehte sie in langen Schwaden davon. Sie trübten die Sicht weithin, aber die Hunde störte dies nicht; kreuz und quer trabend, ließen sie ihre Nasen fleißig über die Schneeflächen gleiten, ganz und gar in ihrem Element.

Genoud beobachtete jeden seiner Begleiter genau und täuschte sich nicht, als Jupiter laut zu bellen begann und alle Anstalten machte, aus dem Schnee einen Körper hervorzuziehen. Schon waren die beiden anderen Hunde heran, schoben ihre klobigen Schädel durch den lockeren Flockenwust und halfen emsig mit, zu bergen, was zu bergen war.

Tatsächlich hatten die drei einen Menschen gefunden, den Schützen Fichou, der in der Kälte nur langsam zu sich kam, die Augen müde aufschlug und zu lallen begann, als er die großen Hunde über sich sah.

„Ein Bär?" stammelte er schlaftrunken, begann sich zu besinnen und versuchte aufzustehen. Die Hunde bellten voller Erregung, sprangen freudig hin und her, ihre langen

Ruten schwangen durch die Luft, als Jupiter hastig in den Schnee griff und einen weiteren Soldaten freilegte. Auch er wollte sich bewegen, aber die steifen Glieder versagten ihm den Dienst. Dann war Genoud an Ort und Stelle und leistete Erste Hilfe. Er flößte ihnen Kognak ein. Tropfenweise, schluckweise rann ihnen das feurige Naß durch die Kehlen, erwärmte sie, und schließlich waren Robert Fichou und Ernest Ferret wieder fähig, ihre Glieder zu rühren und zu sprechen, wenn es auch noch eine Weile dauerte, bis sie mit Genouds Hilfe gehen konnten.

Unterdessen suchten die Hunde weiter. Ihre dunklen Augen leuchteten, ihre hellroten Zungen glitten über die vereisten Lefzen. Jupiter, Mars und Diane fühlten sich in ihrem Element, als sie hangauf zwei Mönchen begegneten, die mit langen Stangen jeden Hümpel auf seinen Widerstand untersuchten. In ihrer Begleitung hatten Castor und Pollux bereits zwei Kanoniere gefunden, nach deren Angaben nun nach den Kameraden gefahndet wurde.

Als Napoleon in der fünften Abendstunde im Hospiz der frommen Augustiner eintraf, konnte er von seinen Offizieren erfahren, daß der Paß ohne sonderliche Verluste bezwungen worden war. Über die Rettungstaten der Bernhardinerhunde war man dabei voll des Lobes.

Zügig erfolgte der Weitermarsch nach Genua, um die von den Österreichern eingeschlossenen eigenen Heeresverbände des Generals Massena zu befreien . . .

Stille Welt in Wolkenhöhen

Nach dem Fortzug der Truppen und ihrer Pflegebedürftigen nahm der Tageslauf der Chorherren in der Herberge Gottes auf dem Großen Sankt Bernhard allmählich wieder seinen gewohnten Gang.

Die Vorräte des Klosters waren verbraucht. Große Anstrengungen waren nötig, um sie wieder aufzufüllen, sollte der Liebesdienst an den bedürftigen Menschen nicht ins Stocken geraten.

Täglich zogen eine Vielzahl Reisender über den Gebirgsgrat. Nicht nur fromme Rompilger kehrten bei den Ordensbrüdern ein, sondern auch die Bauern aus dem Entremont-Tal fanden gern zur Nacht in den schützenden Mauern des Hospizes Obdach, wenn sie im Aosta-Tal ihre Viehhandel abgeschlossen und ihre Einkäufe besorgt hatten. Und nicht selten suchten hier Versprengte, Diebe, ja sogar Mörder heimlich Zuflucht, wenn Gewitter drohten, Nebelschwaden und Schneetreiben jegliche Sicht versperrten, oder wenn das Auge des Gesetzes nach ihnen fahndete — denn auch Sünder fanden im Hospiz Hilfe und Wegzehrung.

Nur gut, daß der Sommer wieder nahte. Nun konnte der Sennhirte die Kühe aus den talwärts gelegenen Gütern des Klosters wieder auf die Alp La Pierraz treiben und sie im nahrhaften Gras weiden lassen, Quark und Butter bereiten und die Patres wieder mit frischer Milch und Käse versorgen. Wein aus dem Rhône-Tal wurde in die kühlen Klosterkeller geschafft, Brotmehl und Fleisch von der zugehörigen Domäne Ecône geholt.

Die frommen Herren taten alles, was den Kranken zur Genesung verhalf und den Gesunden zum seelischen Heil. Jedem Klosterbruder fiel seine besondere Aufgabe zu, den geistlichen Herren der Dienst zur Ehre Gottes und den weltlichen Brüdern die Sorge um das irdische Wohl.

Julius Genoud, der Marronier, leitete seine Tätigkeit als Gebirgsführer von den Mauren oder Sarazenen her, die im Mittelalter hier ihr räuberisches Handwerk ausgeübt hatten. Ihre genaue Ortskenntnis inmitten der Felsschrunden, Gebirgsbäche und Gletscherflüsse ließ sie stets allen Nachstellungen entrinnen, bis der savoyische Edelmann Bernard von Menthon, Erzdiakon von Aosta, sie in Güte überwand und zu Christen bekehrte.

Genoud hatte auch in diesen Tagen viel zu tun. Nicht nur, daß er wie sein Kollege Clemens Marcoz, der aus Saint Rhémy stammte, die Ermüdeten und Verirrten im Gebirge mit seinen Hunden suchte, um sie ins Hospiz zu führen, er zog mit seinen Vierbeinern auch täglich zur Alp hinab und schaffte die dort gewonnene Milch mittels besonderer Packsättel auf dem Rücken der Hunde zur Klosterküche, wo sie verarbeitet wurde.

Diese Arbeit brauchte Zeit, aber dennoch fand Genoud immer noch Gelegenheit, sich mit seinen Lieblingen zu beschäftigen. Besonders widmete er sich der Hündin Diane und ihrem Nachwuchs, dem ersten nach längerer Pause, die Krankheiten und Unfälle in der Meute verursacht hatten. Auch Marcoz stahl sich gern beiseite, um ihm am Hundezwinger Gesellschaft zu leisten.

Solange die drei Welpen noch blind waren, ließ sich mit ihnen kaum etwas anfangen, zumal Diane alle Bewegungen ihrer Besucher mit Argusaugen betrachtete und nicht zuließ, daß ihrem Nachwuchs etwas geschah. Und nahm Genoud tatsächlich mal einen der quabbeligen Wichte hoch, um ihn näher zu betrachten, dann drängte sie sich auch schon sehnsuchtsvoll an ihm empor, quiente und schubste so lange, bis der Marronier den Knirps wieder zu den anderen ins weiche Lager tat. Dann schnupperte sie emsig in dem Stroh umher, beleckte ihre Trabanten hinten und vorn und hatte schon wieder ihre Augen auf den Pfleger, um aus seinen Blicken zu lesen, was er nun wohl wieder vorhabe.

Eines Tages überraschte Marcoz seinen Freund in der Mittagsstunde dabei, wie er mit den Welpen, die nun schon sehen konnten, spielte.

„Wie drall ihre Bäuchlein sind!" begann er das Gespräch.

„Was den Welpen jetzt zugute kommt, wird später an ihrer Leistung offenbar!" erwiderte Genoud, hob seinen Liebling mit seiner knochigen Rechten vom steinigen Boden und ließ ihn über seine ausgestreckten Beine klettern. „Wie das Bärli kräftig mit den Oberarmen stemmt", sagte er, „und siehst du auch, wie sich seine muskulösen Hinterläufe anstrengen, um nicht abzurutschen?" Marcoz nickte.

„Ein Prachtkerl!" erging sich Genoud, strich mit Kennermiene über den breiten, etwas gewölbten Vorderkopf des Tieres, über seine kräftig entwickelten Backen und die faltenreiche Stirn, liebelte ihm den kurzen, stumpfen Fang mit der tätschelnden Rechten, ließ sie den leicht gewölbten Rücken hinabgleiten.

„Das Bärli wird einmal ein Prachthund!" orakelte der Marronier und tippte mit dem Zeigefinger auf die blaßbraunen Farbplatten der weißen, dichtgeschlossenen Haardecke. „Schau dir das dunkle Gesicht, Clemens, die helle Schnauzenpartie, die ausdrucksvollen Augen und das schwarze Nasenkissen über den leicht hängenden Lefzen an, alles ist wohlgeraten!"

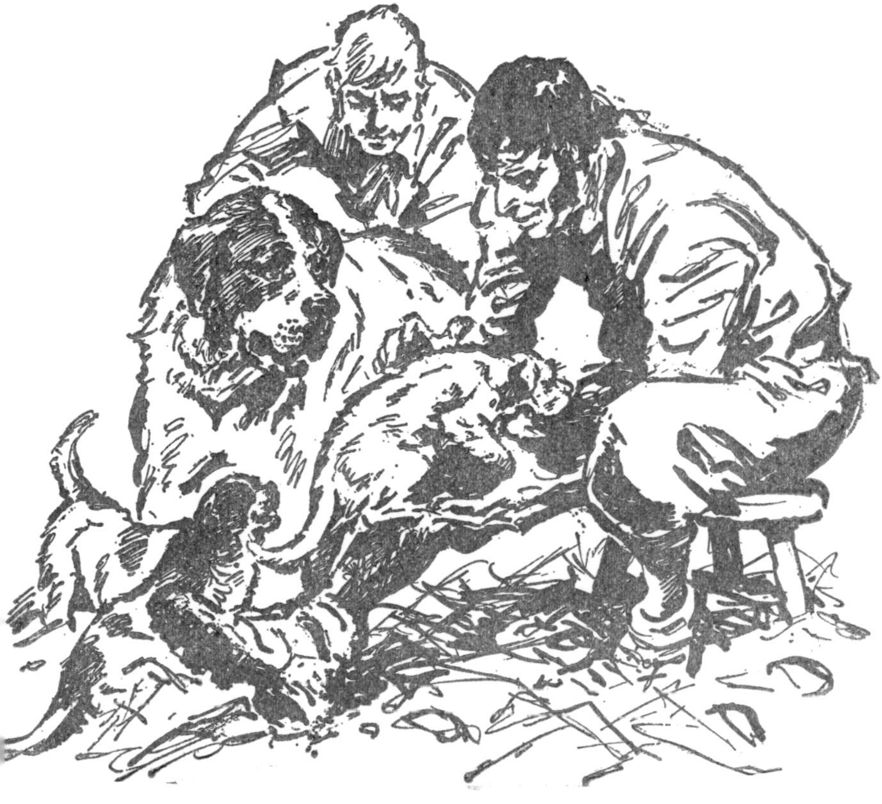

„Bärlis Geschwister sind aber auch wohlgestaltet!" meinte Marcoz. Genoud wandte sich den beiden anderen Welpen zu, nahm sie in die Hand und betrachtete sie mit kritischen Blicken, bis sie zu murren anfingen und mit heftigen Bewegungen freizukommen versuchten.

„Tu ihnen keinen Zwang an!" bettelte Marcoz.

„Denkst du etwa, ich würde ihnen ein Leid zufügen?" fragte Genoud gekränkt. „Sie sind mir genauso ans Herz gewachsen, nur der Bärli bleibt mir halt der allerliebste unter den dreien. Den gebe ich für nichts auf der Welt her, und selbst der Napoleon bekäme ihn nicht, wenn er ihn haben wollte. Der Bärli bleibt auf dem Hospiz!"

„Und die anderen? Sie doch auch?!" wollte Marcoz wissen. „Wir sollten ihnen Namen geben!" schlug er vor.

„Der Bärli hat bereits einen, der zu ihm paßt; sieht er doch tatsächlich einem wilden Bären ähnlich, einem Barry. Aber wie steht es mit seinen Geschwistern?"

Die beiden Bergführer suchten nach augenfälligen Anhaltspunkten und konnten sich nicht schlüssig werden, bis sich der Welpe mit dem rötlichen Mantel über Rücken und Flanken niederlegte und die Männer reglos anschaute.

„Gleicht er in dieser Stellung nicht einem Löwen, einem Lion? So sollte er darum heißen!" urteilte Marcoz, und Genoud lobte seinen Vorschlag. „Und was meinst du zum dritten?" fragte er, aber Marcoz wußte keinen Rat.

„Er gleicht seiner Mutter auffallend in Gestalt und Färbung", meinte Genoud nach einigem Überlegen, „der Name Dianus könnte kaum treffender sein."

„Gut gewählt!" pflichtete Marcoz bei, und zufrieden über ihre Wahl schauten die beiden Marroniers noch eine

Weile den Welpen zu, um sich dann ihrer Arbeit zu widmen.

Zwischen Verdauung und Schlaf, zwischen Träumen und Wachen erstarkten die drei Welpen zur Freude ihrer Pfleger, die sich oft in ihrer Freizeit zu ihnen setzten und sie bald aus dem Zwinger ließen, damit sie ausreichend Bewegung hatten; denn Bewegung regt den Stoffwechsel an, stählt Knochen und Muskeln, schärft die Sinne und gewährleistet auf die Dauer eine sichere Körperbeherrschung. Ohne sie vermag ein Tier im gefährlichen Wechselspiel des Gebirgsklimas inmitten der Felsschründe sich nicht zu behaupten.

„Übung macht den Meister!" war die Losung des Hundepflegers Genoud. Bei allem seinem Tun war er jedoch darauf bedacht, die Tiere nicht zu überanstrengen. Aus seiner Erfahrung im Umgang mit großem und kleinem Getier legte er oft Pausen auf seinen Wanderungen ein, setzte sich ins Gras und überließ die drei Springinsfelde sich selbst.

Meist dauerte ihre Rast allerdings nicht lange. Voller Übermut begannen sie alsbald übereinander herzufallen und sich zu zausen, in den Schwanz zu kneifen und mit den spitzen Milchzähnen an den Behängen zu zwicken und zu zwacken, wenn sie es nicht vorzogen, einen Zweig zu greifen und ihn davonzutragen, bis eins der Geschwister nachjagte, ihn zu packen kriegte und übermütig daran zerrte, um seine Stärke zu beweisen. Zuweilen kugelte das in sich verschlungene Kleeblatt katzbalgend in eine Bodendelle, entwirrte sich und stob hechelnd auseinander, um aus guter Deckung erneut Ausschau zu halten.

Barry schien allen voran der unermüdlichste zu sein. Lion stand ihm an Lebhaftigkeit nicht viel nach, aber Dianus schonte sich gern und hielt es mehr mit der Bequemlichkeit.

Je kräftiger die Hunde sich entwickelten, desto weiter dehnte der Marronier seine Spaziergänge mit ihnen aus.

Kaum hatte er das Zwingertor geöffnet, so stürmte das Dreigespann blaffend heraus, löste sich rasch, achtete dabei schon auf Herrchens Wink. Als kluger Lehrmeister schlug Genoud stets andere Wege ein, damit seine Trabanten die Umgebung des Hospizes immer besser kennenlernen konnten.

In sich weitenden Bögen revierten die Hunde voraus, hielten sich seitwärts und kehrten wieder zu ihrem Führer zurück, um abermals vorauszustreifen. Stets bezogen sie den Marronier in ihren Belauf mit ein. War er nicht auch ein Glied ihrer Meute?

Bei ihren Streifereien ließen sie allesamt fleißig ihre Sinne spielen. Herrschte anfänglich das Sehen bei den drei Junghunden vor, so gaben sie alsbald der Nase den Vorzug und ihrem Gehör, sobald sie bei ihrem Namen gerufen wurden.

Wie herrlich weich traten ihre Läufe durch das duftende Gras, das ihnen mit Rispen und Blütenkölbchen in die Nasen kitzelte! Hatschi — machte Dianus, und alle lauschten und guckten auf den empfindsamen Wicht, bis es Lion und Barry ebenso erging.

Eine fiedelnde Grille erregte ihre Neugierde, und dann wieder hasteten sie hinter einem gaukelnden Buntfalter her, ohne ihn zu erwischen. Hechelnd ließen sie in der

Sommerglut ihre rosigen Zungen baumeln, gierig leckten sie vom tauenden Schneerand die Tropfen, und ganz scharf waren sie darauf, eine Maus aus dem Boden zu graben. Da hieß es, die muskulösen Rücken zu buckeln und kräftig die bekrallten Pfoten zu rühren. Mit Hilfe der Zähne versuchten sie, die schützenden Grassoden über dem Schlupfloch loszureißen, was zuweilen gelang, aber niemals zum Ziele führte; denn der steinige Bodengrund ließ ein tiefgründiges Scharwerken nicht zu.

Aber das machte nichts, die Meute hatte ihre Kurzweil und Julius Genoud Gelegenheit, seine Beobachtungen zu machen und aus ihren Verhaltensweisen seine Schlüsse zu ziehen.

Barry gefiel ihm immer mehr. Der junge Hund hatte sich körperlich gut entwickelt, war ausdauernd und seinem Meister besonders zugetan.

Wie stutzte er eines Mittags, als er in Begleitung der Wurfgeschwister plötzlich unter Genouds Führung an einer Geröllhalde auf eine Murmeltierkolonie stieß und ihm der Wind die Witterung der graubraunen Nager in die Nase fichelte! Schon hatte er sie gesehen und jagte ihnen schnurstracks entgegen. Aber die Erdmännchen hatten ihre Besucher rechtzeitig wahrgenommen. Hoch zum Kegel aufgesetzt, musterten sie sie aus schmalen Sehern. Dann war die Lage erkannt. Ein gellender Pfiff des Wächters, und die ganze Rasselbande war unter Tage entwischt.

Barry und Lion suchten emsig mit ihren Nasen nach den verfänglichen Geruchsspuren, aber es nützte nichts, auch nicht, als beide sich mit Diane anschickten, nachzugraben.

Der steinige Boden setzte ihren Eingriffen schmerzhaften Widerstand entgegen, und so trollten sie sich, ohne daß Genoud sie anzurufen brauchte. Dies war das beste Zeichen dafür, daß ihre jagdlichen Eigenschaften im Laufe ihrer Entwicklung und ihres Rassedaseins verkümmert waren.

Als der Marronier am Abend mit dem Chorherren Murith über seine Beobachtung sprach und sich den Vorfall nicht erklären konnte, bestätigte der in der Zeitgeschichte sehr bewanderte Geistliche ihm die Ursache.

„Als die Römer nordwärts drängten, brachten sie auch ihre Lagerhunde mit über die Alpen. Sie wachten über ihre Verpflegungs- und Ausrüstungsdepots. Unseren heutigen Doggen ähnlich, war mit ihnen nicht zu spaßen;

denn ihr Kampfesmut war beachtlich. Später legten ihre Führer weniger Wert auf die Angriffslust ihrer Vierbeiner und züchteten vortreffliche Schutz- und Begleithunde heraus. Unsere Bernhardiner sind nur das beste Beispiel hierfür. Ihr Schutztrieb ist hoch entwickelt, während ihre Jagdinstinkte verkümmert sind."

Julius Genoud nahm diese Einseitigkeit seines Barry nicht weiter krumm. Wieviel Sorgen hätte er ausstehen müssen, wenn der Rüde plötzlich hinter dem Gamsbock hergejagt wäre, der da nichtsahnend seiner Äsung zusprach? Sicherlich wäre es eine wilde Hatz über Stock und Stein, über Geröllhalden und Wasserschrunden, an Steilwänden entlang, bergauf und bergab geworden, bei der Genoud völlig hilflos hätte zusehen müssen, wie sich Gams und Hund alle Listen abluchsten, um einander zu übertreffen. Ein alter erfahrener Gams hat seine Tücken und weiß sich mit seinen dolchspitzen Waffen zu wehren. In die Enge getrieben, riskiert er im kühnen Ansprung sein Leben und ist in der Lage, seinen Gegner im Nu vom schmalen Felssims in die gähnende Tiefe zu stürzen.

Wie gut, wenn der Barry und auch der Lion es nicht darauf ankommen ließen, sondern beide auf Zuruf sofort zu ihrem Meister zurückkehrten.

„Brave Hunderle seid ihr beide, alle beide, und auch der Dianus ist gut!" lobte Genoud die drei, und dann wurde der Gang fortgesetzt, und die Trabanten mußten sich ordentlich anstrengen, damit sie nicht hinter ihrer Mutter und ihrem Lehrmeister zurückblieben.

Nicht nur bei schönem Wetter tummelte Genoud sich mit den Hunden in der Bergwildnis. Auch bei Nebel und

Regengüssen entließ er sie ins Freie, um sie auch an unwirtliches Klima zu gewöhnen, und dank ihres dichten Haarkleides machte ihnen die Feuchtigkeit gar nichts aus.

Genoud war ein guter Lehrmeister. Waren die drei stark mit sich selbst beschäftigt, hingen sie voraus einer wichtigen Spur nach, dann versteckte er sich so schnell wie möglich und rückte und rührte sich nicht in seinem Unterschlupf. Dabei schaute er mit Schelmenblick auf ihr plötzliches Besinnen, wenn sie ihn vermißten. Die Nasen gegen den Wind, beeilten sie sich, in weitem Kreisbogen seine Witterung einzufangen. War es ihnen gelungen, und es klappte meist in kurzer Zeit, dann eilten sie ihm entgegen, blafften voller Wiedersehensfreude, sprangen an ihm hoch und leckten ihm die Hände. Stellte er sich gar tot, dann mußte er manchen Schubser über sich ergehen lassen, wurde gerüttelt und gezerrt, bis er ihnen den Gefallen tat, wieder lebendig zu werden und mit ihnen zu spielen, um die Wette zu laufen oder in ihrer Mitte zu gehen. Barry drängte sich dann stets an ihn heran und mühte sich, mit ihm Schritt zu halten.

Als die Herbststürme über den Paß fegten, war der Rüde prächtig gediehen. Wohl waren alle seine Bewegungen noch weich und fließend, aber wer in seinem ausdrucksvollen Gesicht zu lesen vermochte, der erkannte bereits die offene, aber ernste Grundhaltung seines Wesens, das frei von Tücke und Falschheit war und Meister Genoud Hoffnung für die Zukunft machte.

„Ein Marronier vermag im Gebirge nichts, wenn er nicht einen zuverlässigen Hund zur Seite hat!" war seine Meinung, und sein Kollege Marcoz konnte ihm aus eigener Erfahrung darin nur beipflichten.

Immer inniger schlossen sich die unzertrennlichen Berggesellen aneinander an, der Julius und der Barry.

Nun hätte es nahegelegen, daß auch der Lion von gleichem Holze geschnitzt war wie sein Wurfbruder, aber nein, ihm fehlte die große Anhänglichkeit an seinen Lehrmeister, der sich nach dem Weggang des Dianus — der Flügeladjutant des Generals Berthier hatte ihn auf dessen besonderes Geheiß doch geholt — alle erdenkliche Mühe gab, dem Rüden alle guten Eigenschaften zu entlocken.

An Klugheit fehlte es dem Löwchen keineswegs. Rasch hatte er alle Kommandos begriffen, die von einem so mächtigen Vierbeiner beherrscht werden müssen, um sich in der menschlichen Gesellschaft nützlich zu erweisen.

Einsilbig, kurz und scharf wurden die Befehle gegeben, wenn es hieß „Komm!" oder „Lauf voran!" oder „Steh!" Lion und Barry folgten meist ohne Zaudern.

Und vernachlässigten sie einmal einen Befehl aus etwaiger Unachtsamkeit oder Unpäßlichkeit, so setzte es weder Schläge mit Stock und Peitsche noch grobe Schelte. Im ruhigen Gleichmaß seiner Stimme ließ Genoud die Aufgabe immer noch einmal wiederholen, auf daß sie sich dem Gedächtnis seiner Schüler besonders gut einprägte. Allerdings gab es auch keine Zuckerle und Leckerhäppchen für gutes Tun, aber Liebe und Wohlwollen sprachen aus jedem Wort und jeder Gebärde der beiden Marroniers zu ihren Lieblingen, und ihr stetes Ringen um die Zuneigung derselben in dieser stillen, einsamen kleinen Welt, den Wolken und dem Herrgott nahe, machte sie glücklich.

Harte Ausbildung

Das Gras auf der Alp La Pierraz gilbte unter dichten Nebelschwaden und verlor sichtlich an Kraft. Da verschloß der Sennhirte die Tür seiner Schutzhütte und leitete seine Herde ins Tal zurück, während drei Kühe von einem Knecht zum Hospiz geführt wurden, wo sie im Stall unter der Küche, reichlich mit würzigem Bergheu versorgt, den Winter verbringen und den Bewohnern ihre Milch spenden sollten.

Julius Genoud war an diesen Tagen mit mehreren Arbeitern beschäftigt, geschlagene Fichtenstangen an den Rand des Paßweges in den Boden zu rammen, um damit allen Reisenden im Winter die Richtung zum Hospiz deutlich zu machen.

Die Hunde leisteten ihm bei seinem Hantieren Gesellschaft, Pluto, Diane, Lion und sein Liebling Barry. Sie nutzten ihre Freiheit zu kurzen Reviergängen, untersuchten die Spalten des Gesteins, in denen die Salamander ihren Winterschlupf fanden, tollten in gewagten Sprüngen über Stock und Stein. Lion und Barry gerieten dabei mehrmals aneinander und zahlten ihren Überschwang auch in harten Bissen aus. Sie knurrten und blafften und kriegten sich plötzlich derb zu packen. Hin und her ging das Gebalge. Mal lag Barry und dann wieder Lion am Boden.

Genoud, mit seiner nicht leichten Arbeit beschäftigt, achtete kaum auf die beiden, bis er auf Lions helles Gebell hin innehielt und auf die Widersacher aufmerksam wurde. Er rief sie an, aber sie vernahmen ihn in ihrer Rage nicht. So stieg er also bergan, um die Kämpfer auseinanderzubringen. Barry hatte inzwischen seinen Wurfbruder zu Boden gerungen und stand hechelnd über ihm, um sein Vorrecht in der Rangordnung zu bekunden. Genouds abermaliger Anruf genügte, um die Rüden zu trennen. Barry folgte seinem Herrn auf dem Fuße, während Lion, noch ein wenig ermattet, in sicherem Abstand hinterdreintrottete, nicht ohne bald den einen und anderen Pfahl zu benässen und damit zu bekunden, daß er Wert auf diese seine Anwesenheit lege.

Julius Genoud kannte die Wesensart seiner Hunde, die an und für sich recht friedfertig waren, wenn auch Jupiter als der Leithund sich von seinen jüngeren Artgenossen nichts bieten ließ.

Genoud hatte eine besondere Eigenart, mit seinen Vierbeinern zu sprechen. Er tat das wie mit seinen geistlichen Brüdern, wie mit Marcoz oder dem Novizen Luigi, wie mit dem hochgelehrten Chorherrn Murith und dem hochwürdigen Prior Luder, stets offen und ohne Falsch.

Die Geistlichen kannten Genouds kindlich gutmütige Art des Umgangs und seine unerschütterliche Liebe zu den Hunden und schätzten ihn.

„Es gibt niemand unter uns, der die Vierbeiner besser versteht als der Julius. Er ist uns darum ein schier unersetzlicher Helfer im Dienst der praktischen Nächstenliebe!" stellte der Prior seinen Marronier vor, als ein Mister de Connink aus Dänemark vorsprach, um Näheres über die Bernhardiner zu erfahren und einige zu kaufen. „Der Bruder Marronier wird von ihnen als ihresgleichen, als Meutegenosse sozusagen, geachtet, was wohl die höchste Auszeichnung ist, die einem Menschen in der Welt dieser Vierbeiner widerfahren kann!"

„Das ist ja außerordentlich interessant!" bekundete der dänische Gast. „Ich bin begierig, noch mehr darüber zu erfahren. Seit wann übrigens betrachten Euer Hochwürden die Bernhardiner als eine nationale Schweizer Rasse?"

„Dies ist sehr schwer zu sagen", erwiderte der Prior, „es ist allerdings geschichtlich in unseren Urkunden nachgewiesen, daß die schweren Wachhunde der Römer, die sie an ihren Warenlagern hielten, sich besonders in den Hochtälern des Wallis und des Waadtlandes rein erhielten und in unserem Hospiz seit 1660 auch als solche verwendet wurden. Vielleicht hat ein Edelmann oder ein reicher Bauer sie dem Kloster aus Dankbarkeit für einen Dienst geschenkt. Genaues, wie sie hierhergekommen sind, weiß man nicht. Immerhin waren sie bald ein Gewinn für die Bewohner, wie aus einer Überlieferung aus dem Jahre 1787 hervorgeht."

„Ich bin neugierig darauf", drängte der Gast.

„Eines Abends sprachen etwa dreißig Männer im Kloster vor und baten um Gastfreundschaft. Trotz des zweifelhaften Aussehens der Gesellen wurde sie ihnen reichlich gewährt. Niemand wußte, woher sie kamen. Ihren verwegenen Gesichtern allerdings war anzusehen, daß sie wohl alle samt und sonders etwas auf dem Kerbholz hatten und das Tageslicht scheuten. Dennoch war es nicht die Aufgabe der Chorherren, sie zu verurteilen oder ihnen Vorhaltungen zu machen.

Als die Männer sich gesättigt und aufgewärmt hatten, wurden sie laut und zudringlich. Der Pater Ökonom rief in seiner Bedrängnis den Prior, den sie sogleich aufforderten, die Geldkassette herauszugeben.

Aber der Vorsteher ließ sich nicht einschüchtern, sondern behielt die Nerven und ging scheinbar auf das Ansinnen ein.

‚Kommt mit in den Keller hinunter, wenn Euch so sehr nach unseren Schätzen gelüstet!' sagte er lächelnd. ‚Sie sind leider so schwer, daß ich sie allein nicht tragen kann!'

Höhnend folgten die rauhen Gesellen Hochwürden in das dunkle Gewölbe hinab, begierig, die Beute alsbald aufteilen zu können.

Aber sie hatten die Rechnung ohne den Wirt gemacht, als der Prior plötzlich die Tür zum Hundezwinger aufmachte und die belfernde Meute sich auf die Eindringlinge stürzte, die entsetzt auseinanderstoben und das Weite suchten."

„Das ist ja eine köstliche Geschichte!" Mister de Conink rieb sich vergnügt die Hände. „Sehen Sie, Hochwürden, solche Hunde möchte ich auch auf meinem Inselbesitz in Dänemark haben. Meine Doggen, die ja Ihren Bernhardinern sehr verwandt sind, da sie aller Wahrscheinlichkeit auch aus Asien stammen, wie es alte Reliefbilder aus Assyrien, Persien und Griechenland bekunden, sind zu sehr verweichlicht und brauchen eine Blutauffrischung. Kann ich einen oder mehrere Welpen von Ihnen erwerben?"

„Dies wird sich schon ermöglichen lassen", war die Antwort des Priors. „Allerdings haben sich unsere Hunde im Laufe der Jahre in ihrer Wesensart gewandelt. Wir wissen nicht recht, ob es an den Umwelteinflüssen liegt, oder ob unsere Zuchtwahl dabei ausschlaggebend war. Wenn Sie ihnen unvermittelt begegnen, werden sie sich sofort auf Sie stürzen und den Eindruck erwecken, als wollten sie Sie beißen. Sie tun es aber nicht, sondern verlieren sofort ihr Ungestüm in Ihrer Nähe. Sie begleiten Sie zum Hospiz, als läge ihnen daran, daß Sie dort Geborgenheit finden."

„Das ist ja überaus interessant", meinte der Gast.

„Damit nicht genug, haben die Chorherren im vorigen Jahrhundert auch aus bitteren Erfahrungen gelernt", fuhr der Prior in seiner Darstellung fort.

„Ich bin neugierig!"

„Im Jahre 1728", so erzählte der Geistliche, „drang am 8. November zur sechsten Stunde die Nachricht zum Hospiz, daß zwei Personen erschöpft in der Totenschlucht zusammengebrochen seien. Während es unaufhaltsam schneite, machten sich zwei Patres in der Finsternis auf, um die Erschöpften zu suchen, aber ihr Rufen, ihr Suchen rechts und links vom Wege waren vergeblich. Stets hallte nur ihr Echo zurück. Die Stunden verrannen. Die Kräfte der Männer versiegten, und da sie um ihr eigenes Leben fürchten mußten, kehrten sie unverrichteter Dinge durch den fast brusthohen Schnee um. Als der Winter vergangen war, fand man die Toten unter dem Schnee. Hätte man damals schon die Hunde auf ihre neue Aufgabe vorbereiten können, so wären in jenem Jahre nicht zwanzig Todesopfer zu beklagen gewesen. Erst 1750 verstand es ein Klosterbruder, die Hunde des Hospizes darauf abzurichten, Vermißte zu suchen.

Aber vierundzwanzig Jahre später traf uns ein großes Unglück. Mehrere Tage schon hatte sich eine Reisegruppe wegen heftigen Unwetters im Kloster aufgehalten und wartete ungeduldig auf Wetterbesserung. Als die Morgendämmerung des 7. April anbrach, schöpften Männer und Frauen frischen Mut und entschlossen sich zum Abmarsch. Aber kaum waren sie fort, als eine schreckliche Lawine niederging und die ersten zehn unter sich begrub. Der Marronier, der an der Spitze des Zuges ging, konnte sich befreien. Herbeigerufene Brüder schaufelten fieberhaft die Schneemassen beiseite und zogen sieben Personen daraus hervor, von denen eine nicht mehr wiederbelebt werden konnte. Die übrigen fand man erst etliche Tage später. Drei unserer besten Hunde fanden bei dem Unternehmen auch den Tod.

Von diesem Zeitpunkt werden unsere Bernhardiner besonders für die Sicherheit der Bergwanderer ausgebildet. Der Marronier geht täglich mit ihnen das Gelände ab und gewöhnt seine Lieblinge an die unregelmäßigen und oft unvermuteten Klimaschwankungen. Ich kann wohl mit Fug und Recht behaupten, daß nur diese Hunde mit ihren ausgebildeten feinen Sinnen imstande sind, aufkommende Gefahren im Gebirge rechtzeitig wahrzunehmen."

„Ich bin gerührt und in die Vierbeiner mehr denn je verliebt!" begeisterte sich der dänische Edelmann, als der Prior ihn zum Zwinger geführt hatte und er die Meute nun eingehend betrachten konnte. Es zeugte von großer Sachkenntnis, daß er sich für Barry entschied.

„Den möchte ich haben!" erklärte er alsbald.

„Der Hund ist unverkäuflich!" schallte da plötzlich eine unwirsche Stimme aus dem Hintergrund. Sie gehörte Julius Genoud, der leise herzugetreten war und ärgerlich den Kopf schüttelte.

Der Däne war von der barschen Abweisung recht betroffen und suchte nach einer Erklärung, aber der Prior beschwichtigte ihn.

„Nehmen Sie dem Marronier den Einwand nicht übel. Der Rüde ist sein Liebling, ohne den er nicht sein kann."

„Und wie steht es mit dem anderen, dem Lion?" fragte der Däne weiter.

„Auch nicht zu haben!" entgegnete der Julius vorlaut. „Ohne ihn würde der Barry leiden!"

„Dann hätte ich ja gar nicht erst diese beschwerliche Reise zu unternehmen brauchen!" erklärte de Connink nun ärgerlich.

„Seien Sie unbesorgt; ich versichere Sie, daß Sie einen Hund bekommen werden, der Ihnen zusagt", lenkte der Prior ein und fertigte ein Schreiben an den Probst der Domäne Ecône aus, in dem er ihn um die Abgabe eines Welpen aus der dortigen Zucht bat.

Der dänische Gast bedankte sich und empfing am nächsten Tage einen hübschen Rüden.

Julius Genoud indessen kümmerte sich wie stets mit Sorgfalt um seine ihm zugewiesenen Aufgaben, half in der Küche bald und bald auf der Domäne aus, und wo immer man ihn scharwerken sah, umgaben ihn seine Freunde, die Hunde, wobei ihm freilich der Barry und der Lion immer am nächsten blieben.

Ihnen galt auch in diesen Tagen sein Hauptaugenmerk. Wenn er plötzlich im unbewachten Augenblick hinter einem Felsvorsprung verschwand und sie ihn dann vermißten, spähte er gespannt in seinem Versteck nach ihnen aus, wo sie ihn suchen würden. Wie freute er sich, wenn sie aus ihrer anfänglichen Unschlüssigkeit erwachten und seiner Spur nachzogen, und wie groß war stets aufs neue ihre Freude, sobald sie ihn gefunden hatten!

Einmal, der erste Schnee war bereits gefallen, als er sich absichtlich in einen Graben fallen ließ, und darin unter der pudrigen Flockenwatte verschwand, ließen Barry und Lion lange auf sich warten, ehe sie ihren Herrn fanden. Erst nach mehrmaligen Pfiffen und Anrufen wurden sie stutzig und näherten sich, bis er, völlig in Weiß gehüllt, aufstand und sie mit strengen Vorwürfen bedachte.

„Wollt ihr mich im Stich lassen, ihr beide? Habt ihr keine Nasen zum Finden? Warum schaut ihr mich so verdattert an und befreit mich nicht aus meiner Grube?" So sprach er mit ihnen, bis sie jiffend und jaffend außer sich vor Freude an ihm emporsprangen, ihm die Hände leckten und mit ihm weiterzogen.

„Es bestätigt sich immer wieder", redete Genoud am Abend den Clemens Marcoz an, „daß wir die jungen Hunde so früh als irgend möglich daran gewöhnen müssen, sich im Schnee besser zurechtzufinden und nach Verunglückten zu suchen!" Und er berichtete von seinem letzten Erlebnis, das ihm sichtlich Sorgen bereitete.

„Ein Hund, der nichts leistet, ist, meine ich, ein unnützer Fresser", legte er los, als wollte er seinem Kameraden ordentlich ins Gewissen reden; aber Marcoz war ohnehin damit einverstanden, daß Barry und Lion mehr geübt werden müßten.

„Die Anlagen sind auch in ihnen bestimmt vorhanden", meinte er, „sie müssen nur richtig geweckt werden."

Aus diesem Grund nahmen sie am nächsten Vormittag den erfahrenen Jupiter mit den beiden Junghunden in die tief verschneite Gebirgseinsamkeit.

„Er soll ihnen zeigen, worauf es ankommt und ihr Lehrmeister sein!" redete Marcoz auf Genoud ein, und der fand nach kurzer Absprache rasch einen passenden Ort, an dem er sich in den Schnee vergraben konnte.

Reglos hockte er im tiefen Flockenschacht und lauschte. Es war kalt in der Schneehöhle, und die Langeweile zehrte an seiner Geduld.

Marcoz konnte sich unterdessen über Kurzweil nicht beklagen. Jupiter, am langen Riemen, wollte flott revieren. Er war es so gewöhnt, während Lion und Barry noch immer unentschlossen seiner Befehle bedurften, um unter Ausnützung des Windes zum Ziele zu gelangen. Hin und her liefen sie, ohne ihre Nasen richtig zu gebrauchen. Er konnte ihnen nicht recht böse sein, wenn sie sich so ungeschickt anstellten, denn sie mußten es ja erst lernen. Deshalb ließ er Jupiter schließlich los, und dieser kreiste mit flotter Nase rasch Genouds Versteck ein und zog zu guter Letzt geradenwegs darauf zu. Bellend meldete er seinen Fund, und da waren auch schon Lion und Barry heran und stimmten freudig in sein Gebell ein, als ob sie es gewesen wären, die ihren Herrn gefunden hätten. Noch war Genoud zwar nicht zu sehen, nur seine Witterung war den drei Rüden bekannt.

Jetzt hieß es, den Mann freizulegen. Lion und Barry, noch ganz und gar im Bann der Begegnung, wußten erst ihre Pfoten zu gebrauchen, als Jupiter es ihnen vormachte, wild in die Tiefe kratzte, seinen massigen Kopf durch die

Schneewatte schob und dann Genoud an der Brust packte, um ihn hochzuzerren. „Brav, brav, Juppi, brav!" spornte Marcoz den erfahrenen Rüden an, der seinen Pfleger nun nicht mehr aus den Augen ließ. Aber nun drängten sich auch die beiden Junghunde vor, als sie sahen, worauf es ankam, und dann lag Julius Genoud schließlich frei auf der Oberfläche, rieb sich die Schenkel, sprang auf und schüttelte sich den Schnee aus dem Wams, genehmigte sich einen langen Schluck aus der Flasche, gab sie Marcoz und meinte trocken, man sollte die Übung doch noch mal an anderer Stelle wiederholen.

Diesmal war Marcoz der Versteckspieler und Genoud der Hundeführer, und fast schien es, als hätten ihre beiden vierbeinigen Schüler bereits einiges begriffen. Natürlich leisteten sie in der Kürze der Zeit noch nichts Vollkommenes, aber einige Tage später waren doch merkliche Fortschritte in der Spürarbeit zu verzeichnen, und der wachsende Eifer, mit dem Lion und Barry ihre Pfoten beim Buddeln rührten, ließ große Hoffnung aufkommen.

Auch Genoud zeigte sich zufrieden über diese ersten Erfolge, aber er rastete nicht. Nicht nur am hellichten Tage übte er die Hunde, auch in der Nacht mußten sie arbeiten, und selbst bei Regen und Nebeleinbruch, bei Schlackerschnee lernten sie es, sich zu überwinden und Dienst zu tun. Mancher der Patres zog mit den Marroniers dann als „Opfer" in die Gebirgswildnis hinaus, damit sich die Tiere an jedermann gewöhnten.

Und noch etwas Wichtiges lernten die Hunde. Im dichtesten Schnee selbst bildeten sie stets die Spitze vor den Marroniers und ihren Gefolgsleuten. Mit ihrer breiten

Brust schafften sie eine tiefe Furche, in der es sich bequemer gehen ließ. Ermüdete der vierbeinige Führer, so ließ er seinem nächsten Artgenossen den Vortritt und verschnaufte bis zur Ablösung.

Mit großem Eifer steigerten Barry und Lion unter dem Zwange der Pflicht ihre Zuverlässigkeit und Ausdauer, und die beiden Marroniers waren bald voll Stolz auf ihre Gefährten.

Barry, der Retter

Der Winter ließ nach wenigen schönen Herbsttagen nicht lange auf sich warten. Dichte Nebelschleier raubten den Marroniers und ihren Hunden die Sicht, wenn sie sich auf Erkundung begaben. Die Feuchtigkeit machte das Atmen schwer, und Mensch und Tier waren jedesmal froh, wenn sie wieder in der Geborgenheit des Hospizes untergeschlüpft waren.

Barry und Lion schüttelten sich auf der Schwelle des Hauses stets mehrmals, und dann fuhr auch das letzte Tröpfchen Nässe aus ihrem stockhaarigen Haarkleid, und sie sahen aus, als wären sie frisch gewaschen.

Die beiden Rüden hatten sich inzwischen gut entwickelt, kräftig im Gebäude und im Gliederwerk. Wohlgenährt, bestachen sie durch stolze Haltung und entschlossenen Blick. Sicher war ihr Tritt auf dem glitschigen Gestein, und ständig forschten ihre wachen Sinne und waren auf Entdeckung aus.

Dies hinderte sie nicht, bei passender Gelegenheit auch einmal die Wärmstube aufzusuchen und es sich darin bequem zu machen. Dies war gar nicht nach Meister Genouds Sinn, der vielmehr für Abhärtung und die Gewöhnung an die Unbill der Witterung war.

Der Julmond begann mit heftigen Schneeschauern. Für Pater Murith war es ein stilles Vergnügen, sie durch die verschlossenen Fenster des Hospizes zu beobachten, bis ihm bewußt wurde, welches Schicksal der Wetterumschwung wohl für manchen obdachlosen Wanderer heraufbeschwören mochte. Da wandte sich der Geistliche betreten von dem Schauspiel des Flockenwirbels ab und gab sich wieder seinen ernsten Studien hin.

Auch der Prior machte sich seine Gedanken über das Unwetter. Er hoffte jedoch, daß an diesen Tagen kein Mensch es nötig hatte, den Paß zu überqueren. Für Julius Genoud und Clemens Marcoz war das Schneetreiben keine Entschuldigung, im Schutze des Klosters zu verweilen. Es machte ihre Erkundungsgänge erst recht nötig, und so öffneten sie, wetterfest gekleidet, den Hundezwinger, wählten ihre Trabanten und zogen mit allen guten Wünschen davon, Marcoz in Richtung auf Saint Rhémy, Genoud talwärts gen Bourg-Saint-Pierre.

Barry und Jupiter machte es großen Spaß, sich erst einmal ordentlich im Schnee zu wälzen, nach den Flocken zu schnappen, sich zu schütteln und zu lösen, bis sie an der Seite ihres Führers seinen Befehlen gehorchten. Mal schickte er sie voraus, mal beorderte er sie an den Abhang des Tales links oder rechts, ganz wie er es für notwendig hielt. Dann verweilte er wieder eine Zeitlang auf ein und derselben Stelle, schaute sich um, lauschte und strengte seine Augen an, um etwas in der Ferne zu erkennen, aber es war äußerst schwer, im Schneegestöber den Paßweg ausfindig zu machen.

Leicht geschwungen zeichneten sich die Bodenlinien ab. Der Schneefall hatte Täler und Grate ausgeglichen. Jegliche Untiefen und Felsabstürze schienen verwischt. Keine

Alpendohle ließ sich hören. Das Leben war erstorben. Tödliche Einsamkeit herrschte jetzt allüberall.

Julius Genoud war dies gewöhnt. Ihn bedrückte das große Schweigen nicht. So könnte es wohl in der Ewigkeit sein! fuhr es ihm durch den Kopf, als Jupiter sich tiefatmend mit breiter Brust einen Weg durch die Schneewüste bahnte. Von Barry war nichts zu sehen.

Genoud verweilte noch einige Augenblicke in der Gewißheit, daß der Rüde alsbald zu ihm zurückkehren würde, aber der Hund kam nicht. Er rief ihn, vergeblich. Er pfiff nach ihm, aber auch das blieb umsonst. War ihm etwas zugestoßen?

Da, plötzlich drang ein heiseres Bellen herüber. Genoud lauschte aufmerksam. Tatsächlich, es war Barrys Stimme! Der Rüde mußte auf etwas Ungewöhnliches gestoßen sein.

Genoud beeilte sich, ihn aufzusuchen. Vorsichtig wandte er sich der Totenschlucht, einer breiten Felsenrinne, zu und zog behutsam an ihrem Hang entlang, als er schließlich Barry entdeckte. Wie im Schneetreiben eben noch zu erkennen war, bemühte er sich, den Platz freizuscharren. Immer wieder bellte er mit erhobenem Kopf und rief seinen Führer herbei, dann zerrte er einen menschlichen Körper aus dem dicken Flockenteppich hervor, verharrte, bellte, leckte und scharrte wieder, bis Genoud heran war und die Lage überblickte.

Barry hatte einen erschöpften Pilger gefunden. Zwar war der junge Mann unfähig, sich zu erheben, aber er lebte noch, erholte sich nach der ersten Hilfeleistung bald, so daß er sprechen und das Nötigste über sich berichten konnte. Dann verließen ihn wieder die Kräfte. Genoud sah ein, daß er allein den Mann nicht bergen konnte. So schickte er Jupiter zum Hospiz zurück, während Barry ihm Gesellschaft leistete.

Es dauerte einige Zeit, ehe der starke Rüde sich wieder meldete. Zwei Chorherren erschienen in seiner Spur, und mit vereinten Kräften trug man den Verunglückten auf einer Trage ins Hospiz. Behutsam wurde er entkleidet und festgestellt, inwieweit seine Gliedmaßen von Erfrierungen bedroht waren. Einreibungen mit Schnee ließen das Blut allmählich wieder in Armen und Beinen kreisen. Und wenn es auch in ihnen wie Ameisenkribbeln zuckte, es war erträglich, und die kalten Anwendungen hatten unter heilkundiger Hand des Paters schließlich Erfolg.

Nach etlichen Tagen Bettruhe, erholsamem Schlaf und sorgsamer Pflege hatte sich der junge Pilger wieder so weit

erholt, daß er aufstehen konnte und einem vernünftigen Gespräch zugänglich war. Dabei wurde offenbar, daß er Vater und Mutter verloren und, mit sich selbst unzufrieden, die Heimat verlassen hatte, um in der Fremde sein Mißgeschick zu vergessen.

Täglich besuchte der junge Mann seinen Retter, aber der Rüde tat so, als ginge ihn die ganze Angelegenheit nichts mehr an, und so schied der Wanderer schließlich bei günstigem Wetter und wandte sich gen Süden.

Dort wärmte die Sonne zur gleichen Stunde, dort reiften Zitronen und Apfelsinen und ließen die Welt im Norden schöner erscheinen, als sie in Wirklichkeit war, ein Grund, den alten Weg über den Paß zu benutzen, sobald es die eigenen Geschäfte angeraten erscheinen ließen. In der Gemeinschaft Gleichgesinnter verspürten die Reisenden die Beschwernisse des Aufstiegs nur halb, und wem das Handelsgeschäft guten Gewinn versprach, in Aosta oder in Saint Rhémy, nun, der scherte sich zunächst wenig um die Launen des Wetters, da ihm ja auf der Höhe das Hospiz der Augustiner-Herren und damit sichere Rast und leibliche Versorgung erwarteten.

Manch einer hatte sich den Aufstieg zu leicht vorgestellt, bis er auf halber Höhe die Ohnmacht seines Körpers erkennen mußte. Da schwanden Plauderlust und die Freude am Rundblick über die vereisten Gipfel des Mont Blanc, des Mont Velan, des Grand Combin. Ehern blickten sie auf die erschöpfte Kreatur, den Menschen, herab, gnadenlos wie ein Tribunal, vor dem es kein Verständnis dafür gibt, daß er zur Unzeit seinen Weg antrat, weil ihm seine Geschäfte wichtiger waren.

Bei der Frau, die da tränenüberströmt in der Wärmstube saß, hatte die große Klatschsucht mit den Weibern im Aosta-Tal daran schuld, daß sie zu spät den Aufstieg suchte. Im Eifer, das Versäumte einzuholen, verlor sie unterwegs den vierjährigen Sohn und fand ihn nimmer. Das Kind war auf halber Höhe in ein Schneeloch gefallen, hatte die Mutter gerufen, hatte geweint, aber der Wind hatte seine Stimme davongetragen. Die Kühle des Schnees hatte es allmählich vor Müdigkeit still werden lassen. Zusammengekauert schlief das Bübchen dem Abend entgegen ...

Genoud war um diese Zeit bereits mit seinen Hunden unterwegs, und die Rüden prüften mit ihren feinen Nasen energisch den Wind, kreisten voraus und liefen zurück und hatten Obacht auf alles, was sich bewegte oder Laut gab. Aber es rührte sich kaum etwas im schläfernden Abendwind, was einer Nachschau wert gewesen wäre, bis Barry sich hangabwärts wandte und verschwand.

Wo war er geblieben?

„Barry!" hallte Genouds rauhe Stimme.

Jupiter, Castor und Pollux schauten erwartungsvoll in die Runde, aber Barry war nirgends zu sehen.

An Gehorsam zwar gewöhnt, war Barry im Augenblick mit Wichtigerem beschäftigt. Er war an das Schneeloch geraten und hatte das Kind darin entdeckt. Er beleckte es, er winselte erregt, er bellte laut und rief seinen Führer und die Meute herbei, ohne dabei aufzuhören, das Bübchen hin und her zu wälzen und es munter zu machen.

Und siehe, was schier unmöglich schien, das gelang. Der Kleine erhob sich ohne Angst vor dem großen Hund, strauchelte ein paarmal, hielt sich aber am Fell des Rüden fest und gelangte auf diese Weise aus seiner Bedrängnis. Halb gehend, halb am Halsband des Hundes hängend, gewannen die beiden harten Boden unter den Füßen, und immer, wenn der Kleine ermüdete, hielt Barry still, um nach kurzer Rast wieder mit ihm weiterzuziehen. So kamen beide schließlich ins Sichtfeld der Hundemeute, die sich mit freudigem Gebell auf die Ankömmlinge stürzte.

Genoud traute seinen Augen nicht, als er den Zug seiner Vierbeiner mit dem geretteten Kinde kommen sah. Gerührt streichelte er es, nahm es huckepack und trug es

ins Hospiz. Dort fand es die Mutter wieder. In der Herberge Gottes wurde ihr der Sohn zum zweiten Male geschenkt ...

Barry verstand die Tränen der Frau nicht, aber es tat ihm wohl, daß man ihn immer wieder streichelte und seinen Namen mit besonderer Liebe nannte.

Die Jahre vergingen — Barry hatte sich längst bewährt. Er kannte sich in der Umgebung des Großen Sankt Bernhard zur Genüge aus. Er kannte keine Schwierigkeiten, die er nicht zu meistern verstanden hätte; denn sein muskulöser Körper und seine Sinneskräfte leisteten ihm die besten Dienste. Die harte Natur des Gebirges hatte ihn vorbildlich geformt. In der Rangordnung der Meute strebte er nach vorn, und mitunter hatten Castor und Pollux, die älteren, nichts zu lachen, wenn er ihnen mit harten Bissen zusetzte, sobald es um die Gesellschaft der Hündinnen ging.

Eine deutliche Furche zwischen Stirn und Nase zeichnete ihn vor seinen Artgenossen aus und verschaffte ihm unter den Novizen den Beinamen „der Philosoph". Dies war gewiß nicht böse gemeint, sondern der Ausdruck besonderer Hochachtung unter Menschen, die die Lebensweisheit achten.

Genoud hielt viel davon und meinte, der Barry hätte wohl gar das Zeug zum Studium. Natürlich kenne er sich in den gelehrten Büchern nicht so aus wie ein Novize oder Pater, aber was das tägliche Leben im Gebirge anginge, was ja auch eine Wissenschaft sei, da könnte der Barry es wohl mit jedem aufnehmen.

Jean Maurice, in Bourg-Saint-Pierre ansässig, hätte sicherlich über solche Einfalt gelacht, überhaupt war dieser zwielichtige Bursche aus der Art geschlagen. Niemand wußte, womit er eigentlich sein Geld verdiente, und dabei saß er fast täglich im Wirtshaus an der alten Brücke, trank seinen Roten und ließ auch gern die Franken für seine beiden Kameraden springen. Das dreiblättrige Kleeblatt war ein Herz und eine Seele. Immer steckten die rauhen Gesellen ihre Köpfe zusammen, hatten irgend etwas Geheimes zu betuscheln, verschwanden für ein paar Tage und waren dann wieder obenauf.

Pierre Moret, der Lehrer aus Liddes, war ihnen schon einmal auf dem Wege zum Mont Velan begegnet. Seiner kaum ansichtig geworden, hatten sich die drei sofort die Mützen vors geschwärzte Gesicht gezogen und so getan, als wären sie fremd. Aber Moret, der nicht nur die Pflanzenwelt am Hange des Berges studiert hatte, sondern auch ein guter Menschenkenner war, hatte sich in den Dunkelmännern nicht getäuscht.

„Wenn ihnen man nichts bei ihrer Schmuggelei passiert!" äußerte er sich zu seiner Frau Theres, und sie machte drei Kreuze; denn schon mancher der Pascher war bei seinem verschwiegenen Handwerk ums Leben gekommen.

Eine Woche vor dem Weihnachtsfest, das jeden Hausvater gern zu Hause hält, trafen sich die drei Gesellen am Abend in der Cantine de Proz, um ihren vorher besprochenen Plan durchzuführen. Schweizer Uhren, Präzisionsinstrumente, Rauchwaren und Schnitzereien hatten sie tragefähig verpackt, um sie jenseits der Grenze in Aosta bei ihrem Gewährsmann abzusetzen, der ihnen dafür kostbaren Schmuck, Gold- und Silberwaren für Schweizer Geschäfte übergab.

Bei solchem Handel war gutes Geld zu verdienen, brauchten keine Steuern entrichtet zu werden, und der Reiz des Verbotenen verleitete zu den waghalsigsten Unternehmungen.

„Es kann gar nichts schiefgehen!" redete Jean Maurice auf seinen Kumpan Antoine ein, der Bedenken gegen den baldigen Abmarsch äußerte.

„Mach dir keine Gedanken wegen der Zöllner. Die haben längst ihren Streifendienst beendet, wenn wir auf dem Grat sind!"

„Und wenn schon, wir haben doch Augen im Kopf, und wir haben Schneehemden an, was kann uns da schon passieren!" redete Emile Trochet, der dritte im Bunde, zur Güte.

Der Wirt der Cantine jedoch war anderer Ansicht. Im besten Mannesalter, hatte er genugsam Erfahrungen mit dem Gebirgsklima im Winter. Er schüttelte bedenklich sein Haupt und meinte warnend: „Die Luft ist so mild wie nie zuvor. Vor zwei Stunden ging eine Lawine donnernd zu Tal. Der Südwind hat sie gelöst. Ich fürchte, sie wird nicht die letzte in den nächsten Stunden sein."

„Du hast recht, Michèle, das wird die Zöllner schrecken, und wir haben freies Spiel. Also, allons, Kameraden, worauf warten wir noch?"

Und damit packte Jean Maurice seine gutverschnürte Rückenlast, griff zu Stock und Mütze und verschwand durch den Hinterausgang. Er wandte sich bergwärts, dichtauf von den beiden Helfershelfern gefolgt, die in ihren rußgeschwärzten Gesichtern zum Fürchten ausschauten.

Das Unterlicht des Schnees war hell genug, um die Richtung zum Mont Velan zu halten. Die Luft war dick und erschwerte mit der Zeit das Atmen, aber die drei schritten rüstig voran; sie kümmerten sich weder um Tod noch Teufel. Jean Maurice rechnete insgeheim schon seinen Gewinn aus; die beiden anderen folgten ihm schweigend, um sich nicht zu verraten. Es war ihnen nicht wohl in ihrer Haut, und am liebsten wären sie umgekehrt, aber sie fürchteten den Hohn ihres Anführers. Und so ertrugen sie ergeben doppelte Last.

Julius Genoud machte zu dieser Stunde noch einen Rundgang ums Haus, horchte nach dem aufkommenden Wind, der an den Dachrinnen rüttelte, und schritt am Hundezwinger vorbei, da die Vierbeiner keine Ruhe geben wollten. So taten sie immer, wenn etwas in der Natur nicht in Ordnung war. Genoud öffnete den Zwinger, nachdem er im Kloster seine Beobachtungen mitgeteilt hatte, wählte Barry, Castor und Pollux aus der Meute und machte sich mit zwei Novizen auf den Weg, von dem Murren und Belfern der zurückgebliebenen Hunde verfolgt.

Schließlich hatte der Wind ihre Stimmen verweht. Er drohte, stärker werdend, die Sturmlaternen auszublasen. Er nahm den drei Männern trotz ihrer wetterfesten Kleidung den Atem, aber sie scherten sich nicht darum, sondern stapften wacker darauf los; denn das eifrige Suchen der Hunde in ganz bestimmter Richtung war ihnen ein untrügliches Zeichen, daß Menschen in der Nacht unterwegs sein mußten.

In der Tat waren die drei Schmuggler gut vorangekommen, hatten die Zöllner an der italienischen Grenze an sich vorbeiziehen lassen und waren im Begriff, ihnen ein Schnippchen zu schlagen, als sich unter den Tritten der Streife ein Schneebrett unvermittelt löste und mit wachsender Geschwindigkeit und donnerndem Getöse ins Tal schoß, alles unter sich begrabend, was sich ihm in den Weg stellte.

Die Schmuggler, zu Tode erschrocken, wurden mit unvorstellbarer Gewalt zur Seite geschleudert und blieben bewußtlos in dem Schneestaub liegen, der sich als dichter Schleier über sie senkte.

Danach herrschte tödliche Stille.

Die Klosterbrüder wandten sich sofort in Richtung auf die niedergegangene Lawine. Die Hunde waren bereits aus ihrem Blickfeld gerückt, als sie auf die ersten Spuren der Schmuggler gestoßen waren. Sie fühlten sich, allen voran Barry, in ihrem Element, obwohl ihnen der lockere Schnee mächtig zusetzte. Schon war er am Rande des Lawinenfeldes, suchte links, wandte sich rechts, zog warme Menschenwitterung ein und rutschte plötzlich kopfüber in die Tiefe. In einem mehrere Meter abwärts führenden Felsspalt fand er sich wieder. Mühsam tappte er mit seinen Läufen um sich, belferte, schluckte aufgewirbelten Schnee und stieß plötzlich auf den ersten der drei Schmuggler. Er beleckte ihm Gesicht und Hände, stupste ihn mit seinem Fang mehrmals hin und her und winselte voller Erregung über den erwachenden Mann. Droben, an der Kante des Abgrundes, verhielten Castor und Pollux und wagten nicht den Absprung in die Tiefe. Unruhig wandten sie sich hin und her, klagten laut in die Runde und machten ihre Führer auf sich aufmerksam.

„Genoud, sie haben gefunden!" deutete der Novize Robert das Hundegebell.

„Ich glaube schon!" erwiderte der Marronier trocken und stapfte weiter, bis er an Ort und Stelle war und die Lage überschaute.

Barry versuchte immer wieder, an der Steilwand des Gesteins emporzuklettern, aber es gelang ihm nicht. Unruhig suchte er dann wieder in der Tiefe umher, bis er auf den zweiten Schmuggler stieß und laut seinen Fund vermeldete, einmal, und dann immer wieder. Es war nicht zu unterscheiden, ob es die Freude über seine Entdeckung oder aber über das Wiedersehen mit seinem Freund Genoud war, der nun mit Seil und Stangen versuchte, die Verunglückten zu bergen. Im Schweiße ihres Angesichts halfen ihm die Patres dabei, bis auch der dritte Mann gerettet war. Es war Jean Maurice. Sein Übermut war geschwunden. In sich zusammengekauert, ließ er alle Handreichungen der frommen Brüder über sich ergehen, innerlich froh darüber, daß er am Leben geblieben war. Dann nickte er wieder voller Erschöpfung ein.

Währenddessen bemühten sich die Augustiner, Barry aus der Erdfalte emporzuhieven. Dies war gar nicht so einfach bei seinem Körpergewicht, aber mit vereinten Kräften gelang es ihnen doch, und der Rüde wußte vor Freude nicht, was er in dem aufkommenden Morgenlicht alles anstellen sollte. Schwanzwedelnd lief er von einem

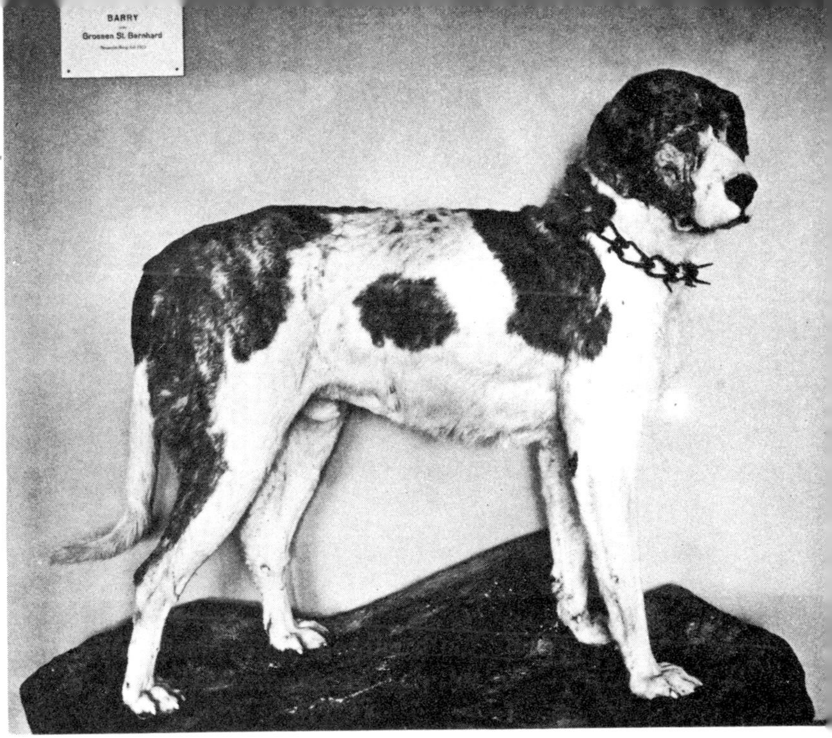

Der berühmteste aller Bernhardiner, Barry I, der mehr als 40 Lawinenverunglückte gerettet hat — und Barry II

zum anderen, sprang an ihm hoch und leckte ihm die Hand, und wollte schließlich seinem Herrn und Meister nicht mehr vom Leibe. Genoud hatte große Mühe, seinen Liebling zu beruhigen.

„Wir haben noch einmal Glück gehabt, mein Bärli, es hätte auch anders kommen können!"

Bald setzte sich der Zug der Retter mit den Verunglückten in Bewegung, aber man kam mit den völlig Erschöpften nicht weit. Hilfe wurde vom Hospiz geholt, und das Rettungswerk erst am Mittag zu Ende gebracht.

Der Winter ging vorüber. Warme Frühlingstage verschönten die Gebirgswelt des Großen Sankt Bernhard mit buntgestickten Matten, mit Vogelsang und gaukelndem Falterflug. Ein heißer Sommer dörrte danach das Felsgestein; es folgte der Herbst mit seinem Wechselspiel von Sonnenglut und Nebelschleiern. Im Rhône-Tal reiften die Trauben, im Tal der Dora Baltea erntete man Edelkastanien, Maronen und herrliches Obst, während auf der Höhe des Passes die Winde bald wieder aus allen Richtungen pfiffen.

Die Suchhunde vom Großen Sankt Bernhard störten die Wetterumschwünge nicht, sie waren jederzeit zum Einsatz bereit.

Trennung und Abschied

Die Meute auf dem Großen Sankt Bernhard war angewachsen. Julius Genoud und Clemens Marcoz freuten sich Jahr für Jahr des prächtigen Nachwuchses, woran schließlich auch Barry beteiligt war.

Bald drang auch das Weltgeschehen wieder in die entlegenen Täler des Großen Sankt Bernhard ein. Napoleons Macht war überall, auch im Schweizer Land, zu spüren. Die Rekrutierungskommandos zogen im Lande auf, um junge Männer zum Kriegsdienst unter französischer Fahne zu verpflichten. Nur wer einen reichen Vater hatte, konnte sich durch hohes Lösegeld loskaufen. Die armen Schlucker wurden scharenweise ausgehoben und in die Regimenter eingereiht, um die entstandenen Verluste auf den Kriegsschauplätzen auszugleichen. Auch in Wallis wurden neue Rekruten für das Bataillon in Genua eingezogen. Bei Nacht und Nebel ging es dann über den Paß des Heiligen Bernhard gen Süden.

Wer wollte es einem jungen Manne verargen, wenn er sich zu drücken suchte und desertierte? Die Hauptsache für ihn war, daß er die Gelegenheit fand, heimlich zu verschwinden. Und die bot sich für Ernest Fouchet, als sein Trupp an der Schutzhütte auf der Alp La Pierraz vorbeizog. Im Nu war er strauchelnd zurückgeblieben und zwischen den Steinblöcken, die die Weide begrenzten, verschwunden. Katzengleich drang er in die leere Hausung ein — es war bereits Spätherbst —, wechselte seine Montur gegen einen abgetragenen Priesterrock und fand es vor dem lieben Herrgott gar nicht sträflich, daß er in den Taldörfern ergeben Almosen heischte, was den Chorherren vom Großen Sankt Bernhard durchaus erlaubt war.

So schlug er sich für kurze Zeit recht und schlecht durchs Leben, während die Häscher des großen Feldherrn Napoleon auch nach ihm bereits suchten. Vielleicht wären sie ihm auf die Spur gekommen, hätte er sich nicht alsbald wieder in einen Holzhauer verwandelt, der mit Axt und Säge seinem schweren Tagwerk nachzugehen vorgab.

Noch ehe der Alphirt und der aufsichtführende Chorherr den Verlust der Kleidungsstücke bemerkten, entdeckte Barry auf seinen Streifzügen die fortgeworfene Soldatenuniform. Er packte und trug sie stolz zum Kloster,

wo sie eine größere Nachsuche auslöste, die allerdings — wie hätte es auch anders sein können? — erfolglos verlief.

Heimgekehrt, labten sich die Hunde an ihrem warmen Mittagessen, gähnten und legten sich nieder, um zu schlafen.

Plötzlich erhob sich Barry und schaute unverwandt in Richtung auf den Mont Velan, von wo eine unheimliche Erschütterung ausging, die sich weithin fortpflanzte. Lawinen hatten sich gelöst und waren ins Tal gestürzt. Die Hunde lauschten dem dumpfen Brausen und Donnern, bis Julius Genoud sich mit zwei jungen Geistlichen auf den Weg machte, um der Sache auf den Grund zu gehen.

Im Gänsemarsch zogen sie durch die nun einsetzende lautlose Stille. Bald erkannten sie das breite Schneefeld, das sich deutlich durch seine unregelmäßige Häufung abzeichnete. Die Hunde waren kaum noch zu halten, so fühlten sie sich in ihrem Element, Barry allen voran. An einem verfallenen Wetterschuppen umkreiste er behutsam den Mauerrest. Dann bellte er laut. Sofort waren die übrigen Hunde um ihn und stimmten einen schaurigen Chor an, der den Augustinern durch Mark und Bein ging. War es Freude oder Klage?

Während Barry in die Ecke des Mauergevierts eindrang und den dort ängstlich niederhockenden Italienern entgegensprang, nahten auch schon die Retter. Sie stärkten die Versprengten mit Kognak und Wein, rieben ihnen die Glieder warm und hängten ihnen warme Decken um, ehe sie gemeinsam, die Hunde voraus, den Abmarsch zum Hospiz unternahmen. Anfänglich kam man gut voran, aber bald ermüdeten die Italiener, wollten sich niedersetzen und schlafen.

„Voran! Voran!" mahnte Genoud, und Castor und Rex sparten auf seinen Wink nicht mit Kniffen in die Waden. Die Gemaßregelten lamentierten zum Gotterbarmen, aber sie rührten ihre Glieder und gelangten, wenn auch mit vielen Unterbrechungen, glücklich zu später Stunde ins Hospiz. Dort tauten sie bei einem kräftigen Imbiß und etlichen Gläsern Rotwein wieder auf. Sie lobten das gütige Geschick, das sie vor dem sicheren Lawinentod bewahrt hatte.

„Barry avanti, Barry avanti!" lachten sie voller Freude, ihres bärenhaften Retters eingedenk; aber der schlief längst inmitten seines Nachwuchses.

Jahraus, jahrein tat er seinen Rettungsdienst, ein unermüdlicher, unerschrockener Weggefährte seines Herrn Genoud, der selbst schon manchen Leblosen aus den Armen des weißen Todes geborgen hatte und darüber ernster, weiser und gottergebener geworden war.

Nicht nur ortsunkundige Fremde waren ein Opfer der unberechenbaren Lawinen rings um die Totenschlucht geworden, auch unter seinen Freunden aus Bourg-Saint-Pierre und Saint Rhémy hatten etliche trotz ihrer Kenntnis von Ort und Wetter ihr Leben verloren. Vielleicht fühlten sie sich zu sicher, womöglich versagte ihnen auch in der einsamsten Stunde ihres Daseins die Geistesgegenwart, um dem Unheil auszuweichen, oder aber es fehlten dem ermüdeten Körper die letzten Kräfte zum Überleben ...

Zwischen Weihnachten und Neujahr des Jahres 1810 hatten die Hunde einen Zug Reisender gemeldet, die von Bourg-Saint-Pierre im Anmarsch waren, obwohl das Donnern von niedergehenden Lawinen die sieben Männer und eine Zigeunerin vor dem Aufstieg hätte warnen müssen. Diakon Martin und Clemens Marcoz sparten nicht mit Vorwürfen wegen eines solchen Leichtsinns, fühlten sich aber demungeachtet bewogen, zu helfen, wie sie es für ihre Pflicht hielten.

Julius Genoud indessen wollte mit Barry und seinem Nachwuchs die Cantine de Proz besuchen. „Sicherlich warten dort Paßgänger!" sagte er und schritt wacker aus, während der Diakon Martin ihm aus Sicherheitsgründen im Abstand folgte.

Ein seltsames Gefühl hatte den Mann in dieser Stunde beschlichen, eine dunkle Vorahnung. Vielleicht lag es an den Wassern der Drance, die kaum zu vernehmen waren, obwohl sie gar nicht weit entfernt waren; vielleicht war es auch nur der beschwerliche Weg durch den tiefen Schnee, der ihn in düstere Gedanken versinken ließ.

Auch die drei Hunde schienen von der eigentümlichen Stimmung beeindruckt. Immer wieder verhielten sie, lauschten und taten so niedergedrückt, als fürchteten sie sich vor etwas Unheimlichem, das jeden Augenblick über sie hereinbrechen konnte.

Mühsam gelangten die Männer zur Cantine de Proz, ermahnten den Wirt, jeden Paßgänger zurückzuweisen, und wandten sich auf dem Rückweg über die Alp La Pierraz der Totenschlucht zu, um wieder zum Hospiz aufzusteigen.

Barry und seine Trabanten schreckten plötzlich jaulend zurück, wandten sich rasch zur Seite, und dann zischte, dann sauste und fauchte es auch schon mit Donnergetöse aus der Höhe häuserschwer hernieder, rollte, schnaubte, wuchtete und polterte über das Felsgehänge, daß es die unter Führung des Maronniers Marcoz stehende Karawane grauste, die von weitem das Unglück miterlebte.

Von Julius Genoud und dem Diakon Martin war nichts mehr zu sehen. Die schweren Schneemassen hatten sie verschüttet.

Kaum daß Ruhe eingetreten war, stürzten sich die Hunde auf die Schneetrümmer, suchten, gruben mit Zähnen und Pfoten nach dem ersten Verschütteten und legten ihn frei. Sie drückten ihm ihre warmen Schnauzen ins Gesicht, beleckten seine Stirn und zerrten ihn aus der Schneemasse, so daß er besser zu atmen vermochte. Es war der Diakon. Er schlug die Augen auf, und die Lage wurde ihm bewußt. Noch benommen, erhob er sich, blickte sich um und suchte im Verein mit den Vierbeinern weiter, bis man Genoud endlich fand.

Aber der Marronier hatte seinen letzten Atemzug getan. Die Schneemassen hatten ihn erdrückt. Umsonst warf sich Barry über seinen Freund, umsonst leckte er ihm das Gesicht. Steif und reglos blieb sein Leib im Krampf des letzten Augenblicks.

So trug die durch die Hunde alarmierte Rettungsmannschaft seine Leiche ins Hospiz zurück, wo sie feierlich aufgebahrt wurde und etliche Tage später auf dem Friedhof von Bourg-Saint-Pierre unter dem Beisein der Angehörigen und der ganzen Dorfgemeinde beigesetzt wurde.

Barry, sein vierbeiniger Freund, ging ein Stück hinter dem Trauerzug her, dann verhielt er und schaute stumm dem schwindenden Gefolge nach, in seiner unschlüssigen Haltung das Zeichen großer Trostlosigkeit ...

Das Futter verweigerte er in den nächsten Tagen, obwohl Marcoz und der Diakon ihm die besten Häppchen vorlegten und ihm gut zuredeten. Er verschmähte alle Fürsorge, und selbst dem munteren Treiben seiner Welpen, das ihn sonst immer erfreute, hielt er sich fern. Fortan suchte er die Einsamkeit.

Daran änderte sich auch kaum etwas, als Gregor Genoud, der Neffe des alten Julius, als Marronier ins Kloster einzog und die Hunde übernahm. Er suchte mit Liebe und Fürsorge den Rüden zu gewinnen, aber Barry zeigte sich verschlossen. War sein Alter von nun schon zehn Jahren daran schuld? Wer kann in solch eine Hundeseele hineinschauen und ihre verborgenen Regungen enträtseln?

Der junge Genoud sprach mit dem Diakon Martin über das Problem, er redete mit dem Prior und schlug vor, Barry das Gnadenbrot zu gewähren, aber der hohe geistliche Herr bezweifelte, ob dem Hunde damit recht getan sei. „Wenn er aus seiner altgewohnten Umgebung verpflanzt wird, mag es ihm unter Umständen zum Nachteil gereichen!" urteilte er, und so blieb Barry zunächst sich selbst überlassen.

Er genoß hinfort das Vorrecht, frei herumstreifen zu dürfen. Auf solch einem Ausgang geriet er an einen übermüdeten Deserteur, der den Häschern des Generals Berthier über den Paß zu entkommen suchte. Als Barry sich ihm näherte, um ihn zu wecken, stach der in seinem Wahn, es mit einem bösen Wolf zu tun zu haben, mit seinem Messer wild auf ihn ein und verletzte ihn schwer.

Mühsam schleppte sich der Rüde zum Hospiz, wo der Krankenpfleger sich sofort des Verletzten annahm und alles tat, um Barry wieder gesund zu pflegen. Währenddessen suchten mehrere Klosterbrüder entlang der im

Schnee deutlich sichtbaren Blutspur nach der Ursache, fanden den flüchtigen Soldaten und erfuhren so, was sich zugetragen hatte. Aus wohlweislichen Gründen schwiegen sie, und so blieb die Tat ungesühnt.

Lange Zeit war Barry matt und teilnahmslos. Die Trennung von seinem geliebten Meister und Führer hatte ihn seelisch arg mitgenommen, und die nun hinzugekommene körperliche Schwächung ließen alle Hoffnungen seiner Freunde — und wer war es nicht im Kloster? — auf baldige Genesung schwinden.

„Er wird Genoud wohl folgen?" vermutete man hier oben auf dem Paß, ebenso wie unten in den Tälern der Drance und der Dora Baltea, aber Barrys gesunde Natur überwand allmählich ihren Tiefstand, so daß der treue Rüde am Leben blieb.

Längelang hingestreckt, ruhte er auf einer Matte im warmen Zimmer. Jeder, der vorüberkam, suchte ihn durch ein liebes Wort, durch eine zärtliche Geste aufzumuntern, und er ging wieder mit dem Bedauern, daß auch das urwüchsigste Leben einmal ein Ende haben wird . . .

„Ich finde nichts in meinen Heilkundebüchern, was ihm einen spürbaren Auftrieb geben könnte!" meinte eines Tages der Diakon Martin, der beim Lawinenunglück gerettet worden war. „Ich bin mit meinem Latein am Ende!"

Und damit war das Urteil über Barrys Zukunft gesprochen.

Als bald darauf ein wohlangesehener Handelsmann, der dem Prior von vielen Grenzübergängen her bekannt war, sich erbot, den Rüden in sorgsame Pflege zu nehmen, entsprach der Klostervorsteher seinem Anliegen.

Um ihm den Abschied nicht zu schwer zu machen, begleiteten ihn seine Freunde ein Stück des Weges. Immer wieder sah sich Barry nach dem Hospiz um, als spürte er, daß er es nie wiedersehen würde. Dann hieß es, Abschied zu nehmen. Die Männer taten es mit feuchten Augen und schämten sich ihrer nicht.

In Bern, der Hauptstadt des Landes, wohin ihn der Kaufherr geholt hatte, führte Barry ein geruhsames Leben. Wohlbehütet, wurde er täglich in den Anlagen der Stadt ausgeführt, bekam sein gutes Futter und ruhte auf weicher Matratze. Er hätte wohl zufrieden sein können, aber diese neue Welt entsprach nicht seiner Art. Er blieb ein Fremdling in einer Umgebung, die ihm enge Grenzen setzte. Fast schien es, als könnten die im Spätsommer und Herbst unternommenen ausgedehnten Spaziergänge zu seiner seelischen Aufmunterung führen, aber sein Körper hatte wohl seine Kräfte verbraucht.

Die Taubheit seines Gehörs und die zunehmende Verschlechterung seines Gesichtssinnes entfremdeten ihn mehr und mehr seiner Umwelt. Zitternd ließ er alle menschliche Fürsorge über sich ergehen, bis ihn ein sanfter Tod erlöste.

Mehr als vierzig Menschen hatte er durch seinen heldenhaften Einsatz vor dem weißen Tod gerettet. Sein Tod erfüllte viele Tierfreunde in der ganzen Welt mit Trauer. Um die Erinnerungen an diesen einzigartigen Hund wachzuhalten, wurde sein ausgestopfter Körper 1815, ein Jahr nach seinem Ableben, im Naturhistorischen Museum in Bern aufgestellt, wo er noch heute steht ...

Und wieder war es ein Barry . . .

Die Chorherren vom Großen Sankt Bernhard waren sich seit dem Tode Barrys um so mehr der besonderen Eignung ihrer Vierbeiner als Lawinenhunde bewußt, und sie achteten sorgfältig darauf, daß sich ihre guten Eigenschaften auch auf den Nachwuchs vererbten. Um diesen noch leistungsfähiger zu machen, versuchten sie Kreuzungen mit den rassisch verwandten Neufundländern, die stark im Gebäude und sehr ausdauernd sind. Ihr langes Haarkleid jedoch bewährte sich im Schneegebirge, das sieben Monate Winterklima aufweist, nicht.

Deshalb sahen die Chorherren es gern, daß die Bewohner in den benachbarten Alpentälern langhaarige Hunde bevorzugten und sie ihnen abkauften, während die kurzhaarigen in den Diensten des Klosters blieben. Auf diese Weise verbesserte man die Rasse der Bernhardiner trotz mannigfaltiger Verluste durch Lawinen.

Aber Jahrzehnte vergingen, ehe unter den Nachkommen des unvergänglichen Rüden Barry einer würdig war, seinen Namen zu tragen. Es war Barry II.

Von kräftigem Körperbau, bestach er durch seine breite Brust und die starken Läufe mit den kräftigen Zehen. Sein hellbraunroter Sattel hatte den unschätzbaren Vorteil, daß er im Schneegestöber gut zu erkennen war. Allerdings war sein Temperament so ausgeprägt, daß er nur schwer an der Leine zu führen war, zumal er ausgedehnte Erkundungsgänge schätzte. Da hatte Antoine Paccolat aus Sembrancher im Drance-Tal nichts zu lachen, wenn er mit ihm ausging.

Um so angenehmer war Barrys Charakter. Gutmütig und folgsam, verfügte er über hohe geistige Fähigkeiten, war stolz und konnte es nicht leiden, wenn einer seiner Artgenossen ihm auf dem Marsch den Rang ablief. Er wollte und mußte immer den Zug anführen.

So auch in der Novembernacht des Jahres 1904, als er mit zwei Klosterdienern unterwegs war und den Fußsteig zur Totenschlucht abstieg, um sich schließlich selbständig zu machen, wobei ihm das Halsband zu Boden rutschte. Die beiden Klosterleute, die vor Stunden in der Cantine de Proz einem Lohgerber begegnet waren, riefen Barry mehrmals, aber er kümmerte sich nicht um ihr Rufen, sondern zog allein seines Weges. Allerdings machten sich die Männer auch keine Sorgen um den Rüden. „Er wird schon nach Hause finden!" meinten sie.

Barry hatte tatsächlich den Weg zum Hospiz eingeschlagen, als er plötzlich auf eine verwischte Spur im Schnee stieß, die ihm bekannt vorkam, weshalb er seine Nase immer wieder in die Trittsiegel steckte. Vorsichtig ging er der Spur nach und stand schon bald vor einer Erhebung. Hastig wühlte er mit seiner mächtigen Schnauze unter die dünne Flockendecke, kratzte und blaffte und gebärdete sich immer ungestümer, bis er einen auf das Gesicht gestürzten Mann freigelegt hatte — es war der

Lohgerber aus der Umgebung. Er lebte, war aber ohne Bewußtsein, wie die später herangekommenen Gefährten Barrys feststellten. Sie nahmen ihn hoch und trugen ihn zum Kloster, wo ihm sofort fachkundige Hilfe zuteil wurde, so daß er wieder genas.

Im Dezember machte sich der Marronier mit Barry nachts auf, um einem italienischen Arbeiter entgegenzugehen, der durch Telefonanruf von der Cantine de Proz gemeldet worden war. Es war herrlicher Mondenschein. Die Schneekristalle leuchteten wie Millionen kleinster Edelsteine in dem bläulichen Unterlicht, aber die Kälte griff Antoine Paccolat durch Kleider und Handschuhe. Der weiße Teppich unter seinen Füßen knirschte bei jedem Schritt und Tritt weithin. Noch war von dem Reisenden nichts zu sehen.

Der schwere Koffer, den der Reisende bei sich führte, erschwerte seinen Weg, aber er war dennoch zuversichtlich, kannte er doch die Gegend schon seit mehr als zwanzig Jahren. An der Häusergruppe unterhalb des Passes traf er, ohne ersichtliche Zeichen der Ermüdung oder Schwäche, auf den Marronier.

Allerdings war der Weg bis zum Hospiz noch mindestens fünf Kilometer weit, und der steile Anstieg forderte ihm die letzten Reserven an Kraft ab, bis der Mann nicht mehr weiterkonnte. Seine Beine versagten ihm den Dienst, er war unfähig, zu sprechen.

„Laß mich liegen. Ich will sterben, ganz gleich, ob hier oder weiter oben!" stammelte er mühsam hervor. Der Bergkoller hatte ihn erfaßt.

Der Marronier überlegte, wie er dem Beklagenswerten rasch helfen könnte. Auf keinen Fall darfst du jetzt rasten! fuhr es ihm durch den Sinn. Dann fiel ihm ein rettender Gedanke ein, und er band dem Hund seine Halsbinde, auf der sein Namenszeichen eingestickt war, ans Halsband und schickte Barry aus, um Hilfe zu holen, während der Kranke sich auf die Erde fallen ließ und nur unter Gewaltanwendung aufrecht gehalten werden konnte.

Barry jedoch kehrte nach einigen Schritten wieder um, zurück zu seinem Herrn. Warum entfernte er sich bloß nicht auf seinen Befehl? Er mochte doch sonst so gern das Herumstreifen! In der Tat war der Hund es dienstlich nicht gewöhnt! Nach etlichen Versuchen jedoch hatte er schließlich begriffen, was er tun sollte, und er schoß davon.

Im Kloster angelangt, entdeckte ihn der Pförtner, wurde auf die Halsbinde aufmerksam und veranlaßte umgehend die notwendigen Rettungsmaßnahmen, die auch Erfolg hatten und den Mann wieder zum Leben erweckten.

Wie aus vielen Unglücksfällen, so lernten die Herren vom Großen Sankt Bernhard, die unermüdlich auf die Verbesserung der Rettungsmethoden bedacht waren, auch aus diesem Unglücksfall. Eine kurze, am Halsband des Lawinenhundes befestigte Kette sollte es den Erschöpften in Zukunft ermöglichen, sich daran festzuhalten und ihm zu folgen. Selbst Barrys eigener Lehrmeister mußte sich einmal, völlig von Kräften, von ihm nach Hause geleiten lassen.

Die Leistungen dieses einzigartigen Gebirgsführers waren bald in aller Munde, bis den Braven am Abend des 20. Mai 1905 das Schicksal ereilte, als er in Richtung auf den kleinen Bergsee lief und plötzlich verschwunden blieb.

Niemand hatte bemerkt, daß Barry in einen tiefen Felsspalt gestürzt war. Zwei Tage später erst wurde er gefunden. Viele Wunden an seinem Körper zeugten von seinem verzweifelten Versuch, aus dem eisigen Verließ wieder herauszugelangen. Sein Befreiungskampf blieb vergeblich ... Groß war die Trauer um seinen Tod.

Barry III entsprach am ehesten dem Idealbild seiner Rasse; er war anhänglich, sanftmütig, klug. Leider war er für eine Führungsrolle in der verschneiten Winterlandschaft des Hochgebirges körperlich nicht stark genug.

Allein mit ihren treuen Gefährten in der Gebirgseinsamkeit des Großen St. Bernhard — die Patres vom Augustiner-Hospiz

Seine verhältnismäßig kurzen Vorderläufe gestatteten ihm nur kleine Schritte. Deshalb ließ ihn sein Marronier für gewöhnlich am Schluß der Kolonne gehen.

Am Abend des 30. August 1910 jedoch eroberte er sich die Spitze des Zuges auf einem schmalen Fußsteig, glitt auf einer Eisrippe ab, geriet auf eine abschüssige Trasse und verschwand spurlos in einem Felsspalt . . .

Alles geschah so plötzlich und lautlos, daß niemand wußte, wo er geblieben war. Erst am folgenden Tag wurde er gefunden. Er hatte den Sturz nicht überlebt.

Tröstlich, daß auch er gute Nachkommen hinterließ. Und immer war einer unter ihnen, der die Rassemerkmale am besten vertrat, der den Namen „Barry" trug, zu Ehren seiner berühmten Vorfahren, auf daß die berühmten Urahnen nicht vergessen wurden . . .

Es ist nur zu verständlich, daß die Hunde vom Hospiz des Großen Sankt Bernhard bei vielen Besuchern der Herberge nicht nur durch ihre Leistungen, sondern auch durch ihre eindrucksvolle Erscheinung den Wunsch erregten, ein solch edles Tier zu besitzen.

Wo gab es schon Hunde von dieser kräftigen, massigen Gestalt, von ähnlich flottem Gangwerk inmitten der Hochgebirgskulisse? Wie ausdrucksvoll waren die Gesichtszüge der Bernhardiner mit den dunklen, leicht geöffneten Augen und den kräftigen Behängen rechts und links der gewölbten mächtigen Schädel! Wer in ihren Blicken zu lesen verstand, der blickte in die Tiefen einer arglosen Seele und kam nicht mehr los von dem Gedanken, sie als treuen Lebensgefährten zu gewinnen.

General Berthier war einer der ersten glücklichen Besitzer, als er am 26. Juni 1800 einen Bernhardiner empfing. Am 5. Juli 1822 bedankte sich der Großherzog von Toscana, Leopold, am 16. Juni 1826 der König von Preußen beim Prior des Klosters für die Zusendung ihrer Bernhardiner. 1883 bat der Gesandte des österreichischen Kaisers Franz Josef um zwei Hunde, und später reihten sich der Herzog von Genua und der Prinz von Gallien in die Liste hochstehender Persönlichkeiten ein, die sich gern mit diesen Rassehunden sehen ließen.

Züchterische Erfolge sind aus diesen Kreisen nicht bekannt geworden, und mancher Käufer hat seine hochgeschraubten Erwartungen in dieser Hinsicht sicherlich nicht erfüllt gesehen. Selbst im Kloster hatte die Weiterzüchtung der Bernhardiner Fehlschläge erlitten, und die Gefahr einer Entartung lag immer nahe, wenn die Naturgesetze der Vererbung außer acht gelassen wurden.

Der Schlachtermeister Heinrich Schumacher aus Hollingen bei Bern erkannte rasch die Gefahren einer Inzucht und damit verbundener Verweichlichung, als er vom Grafen von Rougement seinen „Barry" kaufte, der aus einer Paarung von Hospizhunden stammte. Barrys Sohn Sultan und eine vom Hospiz erworbene kurzhaarige Hündin bildeten ein vorbildliches Paar, auf dem Schumacher nun seine planmäßige Zucht aufbaute, ihr eine Ahnentafel zugrundelegte und nichts unbeachtet ließ, um den Artcharakter der Bernhardiner des Großen Sankt Bernhard rein zu erhalten.

Als er im Jahre 1866 dem Prior des Augustinerklosters in Martigny einen Rüden schenkte, rief dieser voller

Freude aus: „Das ist ja wieder unser alter guter Barry, den ich 1813 nach Bern brachte! Was bin ich glücklich, dies noch zu erleben!"

Die besten Hunde Schumacherscher Zucht sicherten sich neben den Schweizern, die sich zum „Schweizer Bernhardiner Club" zusammenschlossen, den Österreichern und Deutschen die Engländer und Russen. Sie verbreiteten mit Apollo, Sabah und Bernice als Elterntiere beste Nachkommen.

Auf großen Ausstellungen erregten die Bernhardinerhunde stets berechtigtes Aufsehen, bekamen hohe Preise und erzielten beachtliche Kauferlöse, die die Amerikaner als große Hundefreunde lächelnd zahlten, um ihrem Land damit hervorragendes Zuchtmaterial für die Zukunft zu sichern.

Heutzutage ist auch die Hundezucht der Wissenschaft verpflichtet, wie diese ihr auch immer wieder neue, wertvolle Impulse vermittelt. Wer sich diesen wissenschaftlich gesicherten Erfahrungen verschließt, muß mit Mißerfolgen und finanziellen Einbußen rechnen. Der Besitzer solcher Rassehunde vermeidet derartige Enttäuschungen am ehesten durch die Mitgliedschaft in einem Klub, der alle Mühe aufwendet, ihn zu beraten und ihn in den Kreis erfahrener wie mitteilsamer Könner einzubeziehen.

So haben sich zu guter Letzt die verschiedenen Klubs in Europa mit denen Amerikas und Kanadas zur „Welt Union der Bernhardiner Vereinigungen" zusammengeschlossen und den berühmten Barry vom Hospiz international herausgestellt.

Das Hospiz der Augustiner-Chorherren mit seinen berühmten Lawinenhunden ist längst zur Legende geworden — die Wirklichkeit freilich, die man hinter dieser Legende sucht, gibt es nicht mehr. Sie ist leer geworden, und leer sind auch die meisten Hundeboxen auf dem Hospiz. Ganze zwei Bernhardiner gibt es noch auf dem Großen Sankt Bernhard — Scene und Cora; früher waren es mehr als ein Dutzend. Und von den ehemals dreißig Mönchen sind nur noch drei dem Hospiz geblieben.

Im Zeitalter der Tunnels und des Telefons scheinen sie überflüssig geworden zu sein. Nur noch selten schleppen sich, wie einst zu Napoleons Zeiten, erschöpfte Paßgänger, Zuflucht suchend, zum Hospiz; noch seltener werden die beiden Bernhardiner zur Bergung Lawinenverschütteter ausgeschickt — der letzte Fall einer Rettung liegt Jahre zurück. Heute scheinen die berühmten Lawinenhunde mit dem „tonnelet“, dem Fäßchen am Halsband, nur noch eine Attraktion für Touristen zu sein.

Zwei- bis dreitausend Menschen überqueren Jahr für Jahr den Paß. Wer will, kann im benachbarten Hotel übernachten; das Hospiz nimmt nur noch im Winter Gäste auf. Wer will, kann auch in der Hospizbibliothek neben einem Buch der Toten das Buch der Geretteten einsehen. Zweitausend Menschen haben die Mönche und ihre Bernhardiner in den letzten zweihundert Jahren vor dem weißen Tod bewahrt. Das Hospiz der Augustiner-Chorherren, jahrhundertelang Zufluchtsort für Verirrte und Verunglückte, hat seine Aufgabe längst erfüllt. Geblieben ist ihm sein Name, den seine Bernhardiner in alle Welt getragen haben. —

Barry – international

Es war um die Jahrhundertwende, als Wilm Nau seinem Vater als zehnjähriger Junge fleißig bei der Imkerei zur Hand ging, Rähmchen im Winter für die Honigwaben zusammennagelte, Wachstafeln lötete, auf schwarmlustige Bienenvölker im Garten achtete und vor allen Dingen beim Transport derselben half, wenn es galt, den blühenden Lindenbäumen und den weiten Heidekrautteppichen den süßen Nektar abzugewinnen, die nur mit dem Pferdegespann zu erreichen waren.

Noch am späten Nachmittag wurden die aufgeregten Bienen in ihren Kästen durch Wasserbestäubung beruhigt, um in der Nacht oder in dämmernder Frühe an ihren neuen Standort verfrachtet zu werden. Nicht immer ging solch eine Reise ohne Zwischenfall ab. Wie leicht konnte es geschehen, daß die Bienen auf holprigem Pflaster durcheinandergerüttelt wurden, zu toben begannen und in der von ihnen entfachten Hitze erstickten, wenn sich nicht gar ein Kasten aus der Sicherung löste und auf die Landstraße stürzte, wo er, zentnerschwer, zerbrach.

Solche Vorfälle hatte Wilm schon häufig erlebt. Manche freie Stunde hatte er dabei verloren und sich bei der Mutter beklagt. „Die anderen Kinder können immer spielen, und ich muß statt dessen arbeiten und mich von den Bienen stechen lassen!" schluchzte er eines Tages, als er die schmerzenden Wundstellen kühlen wollte, die ihm die Kerfen wieder einmal beigebracht hatten, als er dem Vater geholfen hatte, den süßen Honigseim zu gewinnen.

Die Mutter strich ihm Salbe auf die brennenden Arme und während sie seinen hellen Blondschopf in ihre schmalen schwieligen Hände nahm, meinte sie tröstend: „Sieh, Wilm, arme Leute wie wir müssen halt tüchtig zupacken, wenn sie es im Alter besser haben wollen als in ihrer Jugend!"

Wilm, der die harten Worte sehr wohl verstand, schluckte sie erst mal in sich hinein und ruhte sich ein wenig aus. Und dann packte er wieder die schweren Bienenkästen, um sie aus der Herbsttracht heimzuholen. Er achtete nicht auf die dick angeschwollene Oberlippe und die geröteten Augenlider, in denen zuweilen noch ein Bienenstachel hängengeblieben war, und es machte ihm bald gar nichts mehr aus, wenn ihn die Schulkameraden wegen seiner schmerzhaften Schwellungen hänselten, die ebenso von körperlicher Züchtigung hätten herrühren können . . .

Wilm biß die Zähne zusammen, und wenn die kalten Herbststürme durch den Garten brausten, dann erheiterte sich sein Gemüt wieder — dann war er frei und durfte sich mit besonderem Genuß an duftigen Honigsemmeln oder zu Weihnachten an den herrlichen Pfefferkuchen laben, die die Mutter gebacken hatte und auf die viele seiner Kameraden verzichten mußten, weil ihre Eltern sie sich nicht leisten konnten.

Die Jahre vergingen. Die Bienenzucht bewährte sich, wenn alle Familienmitglieder mitarbeiteten. Sommertags waren geruhsame Spaziergänge daher selten, und dabei hätte sich Wilm zu gern in Feld und Flur getummelt.

Eines Vormittags begegnete er auf seinem Nachhauseweg von der Schule einem offenbar hochgestellten Herrn, der einen riesigen Hund mit sich führte — einen Bernhardiner. Er durfte den Rüden streicheln, ihn beim Namen rufen — er war so angetan von dem schönen Tier mit seinen sanftmütigen, treuen Augen, daß er nicht von ihm loskam. Als der Herr davon berichtete, daß Ajax schon einen Menschen aus dem Wasser gerettet hätte, da war das Interesse des Jungen für diesen Rassehund so sehr erwacht, daß er ihn am liebsten nach Hause geführt und

behalten hätte. Daran war natürlich nicht zu denken, und so verabschiedete sich Wilm, nicht ohne vorher die Anschrift des Besitzers erfahren und ihn nach den Lebensgewohnheiten des Hundes ausgefragt zu haben.

Wilm kam zum Mittagessen zu spät, aber er wußte die Vorwürfe seiner Eltern über die Versäumnis mit beredten Worten über den Hund vom Großen Sankt Bernhard zu zerstreuen. „Der Ajax ist tatsächlich von den frommen Mönchen des Hospizes gezüchtet worden, die mit ihren Bernhardinerhunden schon viele Reisende aus den Lawinen befreit haben!"

„Ich möchte auch solch einen hübschen Hund haben!" brachte Wilm nach dem Essen kleinlaut hervor, aber der Vater stand dem Wunsch des Jungen verständnislos gegenüber, und auch die Mutter konnte ihm keine Hoffnungen machen.

„Junge, wir haben in unserer kleinen Wohnung für solch ein gewichtiges Tier einfach keinen Platz!" sagte sie leise und strich Wilm begütigend über den blonden Schopf.

„Und woher sollen wir das Futter nehmen, das solch ein Riesentier täglich braucht?" fragte der Vater ungehalten. „Es bringt doch nichts ein!"

„Wir können doch einen Welpen kaufen!" wagte Wilm einzuwerfen, aber auch davon wollte der Vater nichts wissen.

„Solange der Hund noch klein ist, wollen alle mit ihm spielen. Da ist er der Mittelpunkt der Familie, ein großer Stern, um den sich alles dreht. Ist er aber ein halbes Jahr alt, dann ist er fast so groß wie ein Kalb und wird bald als ein Übel empfunden, das überall im Wege ist, Dummheiten anstellt und nur noch Streit und Kosten verursacht. Und ist solch ein Bernhardiner gar erst erwachsen, dann kann man ihn unmöglich länger im Zimmer halten. Nirgends ist Platz mehr für den Riesen. Will man ihn gesund erhalten, und dazu ist man ja schließlich verpflichtet, so muß er täglich bei Wind und Wetter ausgeführt werden. Er braucht Pflege, und unter Umständen muß man sogar den Tierarzt zu Rate ziehen — alles in allem, Wilm, wer kann für sein Steckenpferd so viel Zeit, Mühe und Kosten aufbringen? Das ist etwas für wohlhabende Leute, die Personal haben, das sich bei jeder Gelegenheit um das Tier kümmert, aber nicht für uns!" Und damit war für Vater und Mutter Nau die Angelegenheit ein für allemal abgetan.

Wilm konnte sich ihren Erwägungen nicht verschließen, aber er begrub trotz alledem seinen Wunsch nicht — im Gegenteil, er nährte ihn insgeheim, wenn er gelegentlich den fremden Herrn und seinen großen Bernhardiner besuchte.

Jahre verstrichen. Der junge Nau schloß seine landwirtschaftliche Lehre ab, verließ die Akademie für Landbau mit einem guten Zeugnis und übernahm bald darauf die Leitung eines Klostergutes.

Die Arbeit erforderte sein ganzes Können, aber sie machte ihm Spaß. Nicht nur die Bewirtschaftung der Wiesen und Felder im Wechsel des Fruchtanbaus hatte unter seiner Leitung Erfolg, auch in der Tierzucht konnte er beachtliche Gewinne erzielen. Durch verständige Zuchtwahl verbesserte er die Leistungen der Milchkühe, vermehrte den Schweinebestand und erhöhte die Legeergebnisse seiner Rassehennen. Die Zuchtstuten anzusehen bedeutete für jeden Kenner ein Genuß, und die jährlichen Fohlen erregten das Entzücken der Käufer.

Die Arbeit in der Feldmark, in den Ställen und in der Schreibstube von dämmeriger Frühe bis in den späten Abend ließ ihm nur am Wochenende ein wenig Zeit zu Ruhe und Entspannung.

Als Wilm Nau eines Sonntags beim Frühstück die Zeitung studierte, fiel sein Blick auf eine Anzeige, in der Bernhardinerwelpen angeboten wurden. In dieser Stunde regte sich in ihm wieder der Wunsch, ein solches Rassetier zu besitzen. Es mußte freilich alle Voraussetzungen für eine spätere Zucht erfüllen, vor allem rasserein sein und einen Stammbaum aufweisen. Der Preis war für den jungen Gutsverwalter zweitrangig.

Wilm Nau ließ sich daher Zeit mit dem Kauf. Die angebotenen Welpen hatten ihm nicht gefallen. So unterrichtete er sich denn erst einmal über die Vorzüge und Eigenarten dieser Hunderasse, bis er nach Rücksprache mit seiner Frau einen Züchter fand, dessen Zuchtergebnisse ihm zusagten.

Je länger er die fünf angebotenen Welpen in Augenschein nahm, desto unschlüssiger fühlte er sich. Schließlich entschied er sich für die überaus hübsche Hündin Marlitt, die die Stammutter seiner späteren Zucht werden sollte.

Es war nur natürlich, wenn das kleine Geschöpf anfänglich Heimweh nach seinen Geschwistern hatte. Fehlte ihm doch nicht nur die Nestwärme, sondern auch der Anschluß an die Meutegenossen. In Erkenntnis dieses Mangels taten Herr und Frau Nau alles, um das junge Tier mit der fremden Umgebung vertraut zu machen, und sie hatten Erfolg mit ihren Bemühungen.

Marlitt durfte im Schlafzimmer der Eheleute ihr Lager beziehen, wurde von Frauchen liebevoll gefüttert und in jeder Weise verwöhnt. Brigitte Nau vergaß darüber nicht, das junge Tier zur Folgsamkeit zu erziehen. Marlitt wurde von ihr regelmäßig zum Einkauf in den Marktflecken mitgenommen und lernte so auf diesen Ausgängen ihre engere und weitere Umgebung kennen. Die Welt der Menschen wurde ihr von Tag zu Tag vertrauter, und schließlich hatte sie ihre Herkunft aus dem Zwinger des Züchters vergessen.

Zu den Höhepunkten in Marlitts jungem Leben gehörten freilich die Augenblicke, da sie Herrchen bei seinen Dienstverrichtungen mitnahm. Oh, wie war sie auf die Besuche in den Stallgebäuden erpicht! Wie verschieden es bei Schweinen, Pferden und Rindern roch! Wie die Säue grunzten, die Schafe blökten, die Pferde wieherten, sobald Nau die Tore öffnete und eintrat! Wie das raunzte, schmatzte und die Haferkörner mit breiten Kiefern zermahlte, wie das stob und trampelte und die Ketten klirrten, sobald sie den beiden Bullen Schlendrian und Pollux zu nahe kam! Dann gebärdeten sich die viele Zentner schweren Kolosse, als wollten sie alles in Grund und Boden stampfen. Sie schnappten brüllend in hohen Tönen über, verdrehten die blutunterlaufenen Augen und peitschten wild mit ihren Schwänzen durch die Luft.

Anfangs fürchtete sich Klein-Marlitt vor den wilden Stieren, aber je älter sie wurde, desto mehr gewöhnte sie sich an ihr ungestümes Gebaren und verließ ihren Platz an der Seite ihres Herrn nicht eher, als bis er ging.

Wenn allerdings eine der ausgewachsenen Katzen in ihrer Nähe erschien, dann setzte sie hinterher, um ihr den Garaus zu machen, was ihr jedoch nie gelang, denn die Miezen waren gewandt und flink und konnten sich jedes Mal in Sicherheit bringen.

Erstaunlicherweise tat sie dem Geflügel nichts, mochten die kakelnden Hennen mit ihren Küchlein auch noch so dicht an sie herankommen. Sie hatte nicht einmal etwas dagegen, wenn ein Küken auf ihren Rücken flog, während sie sich auf dem Steinpflaster vor den Ställen sonnte. Kein Zweifel, Klein-Marlitt hatte Nerv und ließ sich nicht aus der Ruhe bringen.

Eines Tages wunderte sich Nau, als er die Hündin auf einer Fußmatte und einem darüber ausgebreiteten Sack vor seiner Hausschwelle liegen sah, die beide nicht aus seinem Besitz stammten. Seine Frau wußte auch nicht, woher Marlitt sich die Unterlagen geholt hatte. „Sie können nur vom Nachbarn sein!" meinte Frau Brigitte, und so war es auch. Doch die Rückgabe von Matte und Sack an die Eigentümer war schier überflüssig — nächstentags sonnte sich Marlitt wieder auf ihnen, als hätte keine Rückgabe stattgefunden.

„Sie weiß, wie sich ein rechter Bernhardiner zu betten hat!" Der Hausherr lachte, zog die Konsequenz aus so viel Eigensinn und erwarb die stibitzten Gegenstände rechtmäßig von seinem Nachbarn, nicht ohne sich für Marlitt bei ihnen entschuldigt zu haben.

Nun hatte die Hündin ihren Willen und räkelte sich voller Behagen auf ihrem Eigentum.

„Wer weiß, was wir noch alles mit ihr erleben werden!" ulkte Frau Brigitte, und ihre Vermutung bestätigte sich nur allzurasch.

Marlitt hatte sehr wohl aufgepaßt, wo die Hausfrau ihre Küchenvorräte gespeichert hielt, und wußte auch, was ihrem Gaumen besonders zusagte. Kaum wurde die Tür des Küchenschrankes geöffnet, so schlich sich Marlitt an die Seite ihrer Herrin und richtete ihren massigen Kopf auf die Keksbüchse, aus der sie schon öfters bedient worden war. Nur selten gab Frau Brigitte dem Drängen der Hündin nicht nach. Gewohnheit erzieht Diebe!

Auch den Hausherrn wußte Marlitt in der gleichen Absicht für sich zu gewinnen, sobald seine Frau in dem

Marktflecken zum Einkauf weilte. Dann konnte sie so unbeirrt schmusen und schön tun, bis er aufstand und ihrem Verlangen nachkam, die Keksbüchse holte und daraus Stück um Stück verteilte.

Ihre dunklen, aufmerksamen Augen forschten überall, ihr überaus feines Gehör war stets im Bilde, und ihrer leicht schnüffelnden Nase entging kein Geruchsfädchen, mochte es noch so dünn und schwach sein. Aber wer achtete schon darauf unter den Menschen, die alle mehr oder weniger mit sich und ihrer Arbeit beschäftigt sind?

Beim Ehepaar Nau war dies anders, denn Mann und Frau betrachteten Marlitt als Teil ihrer Familie, auch als sie ein Kind erwarteten.

Wie würde sich Marlitt wohl zu ihrem Sprößling verhalten? Diese Frage beschäftigte die Eheleute sehr, zumal die Hebamme, eine erfahrene Frau, immer wieder vor dem Umgang mit der Hündin warnte. „Passen Sie bloß auf, daß sie dem Neugeborenen nicht zu nahe kommt. Hunde werden sehr leicht auf Säuglinge neidisch!"

„Bange machen gilt bei uns nicht!" erwiderte Wilm Nau gelassen.

„Wir müssen halt in den ersten Wochen und Monaten aufpassen. Wir können unsere gute Marlitt doch nicht einfach weggeben, nachdem wir uns so sehr an sie gewöhnt haben!" meinte die werdende Mutter.

Und dann kam der große Tag. Die Bernhardinerhündin schien die Aufregung im Hause nicht zu begreifen, als der neue Erdenbürger schreiend das Licht der Welt erblickte. Erst als die vielen Besuche, die zunächst kein Ende nehmen wollten, abgeklungen waren, durfte auch Marlitt einen Blick in die Wiege tun und sich von der Anwesenheit des neuen Familienmitgliedes überzeugen. Sie holte dabei tief Atem und gab keinen Laut von sich. Dann hatte sie die Witterung des Menschenkindes in sich aufgenommen. Nachdem sie sich lange nicht gerührt hatte, wandte sie sich so leise, wie sie gekommen, wieder ab. Von diesem Tag an bezog sie regelmäßig Posten vor seinem Schlafzimmer.

Also doch — sie fühlte sich dem Säugling verbunden, ja, für ihn verantwortlich! Dies war die einhellige Meinung der glücklichen Eltern, die gar nichts dagegen hatten, wenn Marlitt nun beim Baden oder Sättigen des Babys zuschaute. Marlitt rührte sich dabei nicht von der Stelle, reckte nur ihren breiten Kopf — aber am liebsten hätte sie ihm wohl doch mit ihrer rosigen Zunge über den glatten Körper gestrichen, aber dies wußte die junge Mutter lächelnd zu verhindern.

Um so dankbarer war die Hündin, wenn sie ab und zu einen Keks abbekam oder wenn ihr der Rest der Flaschennahrung in ihre Futterschüssel gereicht wurde, den sie mit größtem Behagen aufschlürfte.

Süßigkeiten mochte sie gar zu gern, am liebsten Sirup und Bienenhonig. Eines Tages hatte man sie in der Küche übersehen, weil sie unter den Tisch gekrochen und unter der tiefhängenden Decke nicht zu sehen war. Scheinbar im Schlafe liegend, rückte und rührte sie sich nicht, als Frauchen ahnungslos den Raum verließ, um im Ort ihre Einkäufe zu machen.

In Wirklichkeit war die Hündin hellwach und genoß die Stille der Stunde. Sobald Frau Nau das Haus verlassen hatte, stand Marlitt auf, dehnte ihr starkes Kreuz, schüttelte sich, schaute sehnsüchtig zum Küchenschrank empor, sprang auf die Ofenbank und langte mit ihrer Pfote in das halboffene Fach. Mit einem Griff erwischte sie das Marmeladenglas, riß die Zuckerdose zu Boden und ließ vor Schreck auch noch das Glas fallen. Zwar blieb es heil, aber sein Inhalt bedeckte weithin den Boden. So sehr sich Marlitt auch abmühte, all die Muskleckse aufzulecken, die Musflecken blieben zurück. Auch an den Wänden klebten die Spritzer, und sie selbst war über und über mit dem klebrigen Brei beschmiert.

Da hallten Schritte. Sie lauschte und setzte sich abwartend auf die Hinterhand, als Frauchen auch schon vor ihr stand. Entsetzt über die böse Bescherung schlug sie die Hände zusammen. Sie schimpfte laut und ungehalten, und Marlitt, die ihre Herrin noch nie so zornig erlebt hatte, mußte alles geduldig über sich ergehen lassen. Sie hielt ihr Haupt gesenkt, hob dafür immer wieder die rechte Pfote, als wollte sie um Verzeihung bitten, aber auch diese Geste nützte ihr nichts — die Strafe blieb nicht aus. Als kurz darauf die Tochter einer Nachbarin, ein zwölfjähriges Mädchen, erschien, um die Hündin wie immer auszuführen, mußte sie ohne Marlitt wieder umkehren. Die Hündin wurde in die Badewanne und, nachdem man sie tüchtig abgeseift hatte, in den Zwinger gesteckt, wo sie bleiben mußte, bis die Sommersonne ihre Decke getrocknet hatte.

Fortan blieb Marlitt ungern allein. Sie gab sich meist erst zufrieden, wenn ihr ein Leckerbissen gereicht wurde. „Sie ist in ihrer Gemütsverfassung wie ein kleines Kind!" behauptete Frau Brigitte ihrer Nachbarin gegenüber, und sie mußte es ja wissen, nachdem ihr Sprößling Hans-Jörg nun schon im Laufalter war.

Auf den Knaben, der noch etwas unbeholfen auf seinen Beinen war, aufzupassen, sah Marlitt als ihre ureigene und wichtigste Aufgabe an. Kamen Fremde ins Haus, dann bellte sie sie zunächst grob an und baute sich nach eingehendem Beschnüffeln von Rockschoß und Stiefel vor Hans-Jörg, ihren jungen Familienfreund, auf. Wehe dem Dreistling, der den Jungen anfassen wollte! Ein warnendes Knurren, und dann wäre es ihm wahrscheinlich schon schlecht ergangen. Dagegen konnte das Kind die Hündin zausen, sie an der Rute oder an den Behängen packen, ohne daß sie sich gegen seine derben Patschhändchen wehrte. Sie ertrug das anscheinend mit gelassener Ruhe.

Stieß sie von draußen auf einen bereits im Hause weilenden Besucher, so war sie gewiß schon über ihn im Bilde, ehe sie ihn gesehen hatte. Mit ihrer überaus feinen Nase hatte sie längst seine Witterung an der Fußmatte und an den Teppichläufern aufgenommen und sich ihr Urteil gebildet, ob er gut oder böse war. Blieb der Besucher aus irgendeinem Umstand allein im Zimmer zurück, so beobachtete sie sein Gebaren bis ins kleinste. Er durfte seinen Platz nicht mehr verlassen, sonst versperrte sie ihm prompt den Weg und ließ ihn, ohne zu kläffen, nicht mehr aus dem Raum, nicht eher jedenfalls, als bis jemand aus der Familie wieder erschien.

Besonders deutlich zeigte sich Marlitts Zuneigung dem kleinen Hans-Jörg gegenüber, als er mit den Nachbarskindern zu spielen begann.

Als Dreijähriger hockte er eines Vormittags mit der etwas älteren Grete Waldmüller und Rudi Staßfurt im Sandkasten und freute sich über die schönen Kuchenformen, die er mit aller ihm möglichen Behutsamkeit heil auf das Servierbrett hatte bringen können. Seine Spielkameraden hatten längst noch nicht das Geschick wie er. Wenn sie schließlich über ihrem eigenen Unvermögen die Geduld verloren, sprangen sie plötzlich neidvoll auf ihn zu, stießen ihn rücksichtslos von seinem Platz und vernichteten das Werk seiner Kinderhände. Dann lag er ganz verdattert im Sand und heulte, während sie schuldbewußt das Weite suchten und sich vor ihm versteckten.

Wenn Marlitt Zeuge der feindlichen Zwietracht geworden war, erhob sie sich aus dem benachbarten Gebüsch, in dem sie geruht hatte, trat langsam auf ihn zu, packte ihren Liebling behutsam am Hosenboden, stellte ihn wieder auf seine Beine und führte ihn Schritt für Schritt zu seiner Mutter, die auf sein Geschrei hin schon herbeigeeilt kam. Natürlich wurde Marlitt für ihren Beistand gelobt und belohnt.

Großes Erstaunen löste ein anderer Vorfall aus, bei dem Marlitt ein Zeugnis ihrer Klugheit und ihrer Umsicht abgab, als Hans-Jörg und sein Freund Bernd einen Wettkampf im Tauziehen gegen Rudi Staßfurt und Grete Waldmüller veranstalteten. Trotz größter Anstrengung verloren sie Zentimeter um Zentimeter an Boden, und je mehr sie sich erschöpften, um so sicherer schien ihre Niederlage. Marlitt trottete scheinbar teilnahmslos auf dem Platz umher, als ginge sie die ganze Angelegenheit gar nichts an. In Wirklichkeit hatte sie wohl die Lage längst überschaut, denn plötzlich sprang sie an das Tau heran, schnappte es und zerrte mit aller Kraft daran, als gälte es ihren eigenen Sieg. Kein Wunder, daß ihr Einsatz schließlich den Ausschlag gab, und der Sieg ging an Hans-Jörg und Bernd. Wenn sie jedoch plötzlich losließ, hatten die Gegner das Übergewicht, die im vermeintlichen Siegestaumel auf die Hosen plumpsten und sich die wunden Hintern rieben.

Groß war das Hallo über Marlitts Hilfe beim Spiel, und das Erstaunen der Eltern über ihre Gewitztheit.

Als Hans-Jörg ein Schwesterchen bekam, war in der Familie Nau die Freude groß. Bald wurde er angehalten, auf die kleine Annemarie gut aufzupassen. Anfänglich schien dies für den Jungen gar nicht schwer, doch das änderte sich bald, als das blondgezopfte Mädchen laufen lernte. Sie war flink auf den Beinen und ließ sich gar nicht so sittsam leiten, wie es den Eltern recht gewesen wäre. Der kleine Trotzkopf ging gern eigene Wege.

Eines Tages entwich Annemarie beim Spiel der Nachbarskinder völlig unbemerkt und wandte sich rasch der großen Wiese zu, wo bunte Falter um die duftenden Blumenkelche der Skabiosen, Margeriten und Steinnelken tanzten. In dem Verlangen, die bunten Farbtupfer zu erhaschen, entfernte sich das Mädchen immer weiter von seinen Spielgefährten, die in der Lust am Treiben und Toben immer noch nichts von seinem Verschwinden bemerkt hatten.

Nur die Hündin Marlitt hatte aufgepaßt; sie hatte alles genau beobachtet, während sie unter einem Holunderbusch lag. Sie schlich dem Kind in angemessenem Abstand nach und folgte ihm bis zum Ufer des Teiches, der, spiegelglatt, zum Verweilen einlud. Seine Böschung war jedoch abschüssig und nach dem letzten Regenguß auch schlüpfrig geworden, so daß jeder unvorsichtige Tritt Gefahr bringen konnte. Wie leicht hätte die Dreijährige ins Wasser fallen und ertrinken können ...

Doch Marlitt paßte auf — noch ehe die Kleine an die gefährliche Bodenstelle gelangte, fühlte sie sich plötzlich von hinten festgehalten. Erstaunt wandte sich Annemarie um und erkannte die Hündin. „Marlitt, laß los!" befahl das Mädchen halb ärgerlich, halb erschrocken, aber die Hündin gab nicht nach, sondern zerrte heftiger als zuvor, so daß das Dirndlkleid zerriß. Da weinte das Kind, und dann tauchte auch schon Hans-Jörg auf und holte die Ausreißerin zurück, die nur widerwillig folgte und immer wieder auf die Risse in ihrem Kleid zeigte.

Wilm Nau und seine Frau hätten von der Sache gewiß nichts erfahren, wenn nicht der alte Schäfer Hinrichs, der mit seiner Herde unweit des Teiches vorbeigezogen war, alles beobachtet und ihnen darüber berichtet hätte. Und was er erzählte — das war ein einziges Loblied auf Marlitt, die Bernhardinerhündin.

Am liebsten hätte er auch solch einen fürsorglichen und wachsamen Hausgeist besessen, aber dazu fehlte ihm das Geld. Immerhin konnte er mit seinen Hütehunden Phylax und Mohr zufrieden sein, die als Mischlinge ihren Dienst auf ihre ureigene Weise versahen und sogar schon einige Hütepreise errungen hatten.

Sie kreisten, wie es ihrem Meutetrieb entsprach, auf den Wink und auf die Pfeifsignale ihres Meisters die Herde ein, lenkten sie ganz nach seiner Vorschrift an den Feldrainen entlang, waren bald vorn an der Spitze des Zuges, bald wieder am Ende desselben und ergänzten sich wechselseitig in ihrer Arbeit.

Oh, sie packten auch kräftig zu, wenn ein bockiges Lamm oder ein widersetzlicher Bock ihnen nicht folgen wollte. Sie waren auch vor den Menschen nicht bange. Als zwei Landstreicher dem Schäfer einst auflauerten und einige seiner Tiere stehlen wollten, mußten sie ihren schändlichen Vorsatz bitter bereuen. Auf einen Wink ihres

Herrn stürzten sich die Hunde blitzschnell auf die Tagediebe und flickten ihnen mit ihren scharfen Zähnen mächtig die Hosen, so daß sie mit blutunterlaufenen Wundstellen fluchend Fersengeld gaben und sich nicht mehr sehen ließen.

„Ob Marlitt Sie allerdings auch verteidigen würde, bezweifle ich!" meinte der alte Hinrichs, als er sich bei dieser Gelegenheit mit Inspektor Nau unterhielt und nicht müde wurde, die Hunde miteinander zu vergleichen. „Die Hündin sieht mit ihren tiefliegenden, dunklen Augen ziemlich gutmütig aus!" behauptete er. „Oder nicht? Die Augen sind doch der Spiegel der Seele!"

„Ich bin mir darüber nicht ganz klar", entgegnete Nau, „bisher hatte ich Gott sei Dank noch keinen ernstlichen Zusammenstoß mit jemand, gegen den mich Marlitt hätte verteidigen müssen!"

Als bald darauf der Herbst die Pflaumen in der Feldmark und in den Gärten reifte, die Weinbeeren mit würziger Süße füllte und allmorgendlich silbernen Reifhauch auf Wiesen und Felder legte, sollte Inspektor Nau Antwort auf diese Frage erhalten.

Marlitt, die Bernhardinerhündin, hatte sich auf die Wiese des Nachbarn begeben, um dort ungestört ihr Wässerchen zu machen. Der Mann, der einen bösen Leumund besaß, weil er mit niemand in Frieden leben konnte, sah jetzt eine willkommene Gelegenheit, um Nau, den er nicht ausstehen konnte, eins auszuwischen.

Hinter der Küchengardine lauernd, war ihm die Anwesenheit der Hündin auf seinem Grundstück nicht entgangen, und da sie ihm schon lange ein Dorn im Auge war, hetzte er seine Rottweiler Dixie auf sie. Das bissige Tier stürzte sich auch sofort auf Marlitt; die aber, gar nicht kampfbegierig, entzog sich sehr geschickt immer wieder den Nachstellungen, legte Haken und Bogen in ihre Bahn und ermüdete ihre Gegnerin auf diese Weise.

Als die Rottweiler-Hündin die Ergebnislosigkeit ihrer Angriffe erkannte, ließ sie plötzlich von ihr ab und wandte sich unvermittelt gegen Nau, der halbverdeckt hinter einem Apfelbaum stand. Nur mit Hemd und Hose bekleidet, war er völlig ungeschützt, als das kräftige, muskulöse Tier knurrend auf ihn lossprang. Er konnte sich gerade noch zur Seite wenden und dem ersten Angriff ausweichen, als auch schon Marlitt heran war und, nun kampfwillig, die Rottweilerin im Genick packte. Mit mächtigen Bissen zwang sie ihre Gegnerin in die Knie und ließ nicht eher von ihr ab, bis sie sich ihr unterwarf.

Nau rief den Nachbarn herbei und sprach sein Bedauern über den Zwischenfall aus. Der recht betroffen dreinschauende Mann würdigte ihn keines Blickes führte seine Hündin ins Haus zurück und war hinfort kuriert, da der Tierarzt gerufen werden mußte, um all die Bißstellen zu nähen, was nicht unerhebliche Behandlungskosten verursachte.

Im Schatten seines Herrn

Mit knapp anderthalb Jahren war die Hündin Marlitt erwachsen. Hatte sie bereits auf einer Jugendschau des Bernhardiner-Klubs eine hohe Note erhalten, so begnügte sich Wilm Nau mit diesem Zeugnis nicht, da ihm Vergleichsbilder gleichaltriger Artgenossinnen zu jener Zeit einfach fehlten.

Zwar hatten Frau Brigitte und er alles getan, um die körperlichen und wesenseigenen Anlagen des Tieres voll zu entwickeln, aber wer kann schon auf das fachmännische Urteil alterfahrener Richter verzichten, die jährlich Hunderte von Hunden begutachten! Auf sie kam es zu guter Letzt bei der Zucht an.

So fuhr der Gutsverwalter an einem Wochenende mit großer Spannung zu einer Spezial-Zuchtschau, um über seine Bernhardinerhündin mehr zu erfahren. Dort versammelten sich die Hundehalter in großer Zahl mit ihren Vierbeinern in Stock- und Langhaar, sowohl in der offenen als auch in der Jugendklasse.

Benno vom Kornbergturm, Prinz von Rodalb, Arno von Benzingen, Ajax vom Heigertal, Arry vom Piz Bernina, Xeno und Racker von der Enzianwiese — so lauteten die hochklingenden Namen der Rüden, die eine Gruppe für sich bildeten zum Unterschied von den Hündinnen Asta vom Seelenwinkel, Donna von Schönbuch, Nora von

Rögele, Ina von Reichstadt, Zara vom Kloster Hirsau, um nur ein paar Namen von Marlitts Nachbarinnen zu nennen.

Und dann begann der Wettstreit um die besten Zeugnisnoten und die begehrten Preise, als Wilm Nau seine Gefährtin aus der Box in den Richterring führte, in dessen Mitte der Gutachter mit kritischem Blick sich hin und her wandte, um ihr Bild ganz und gar in sich aufzunehmen.

Auf ein ebenmäßiges Gebäude kam es ihm an, auf die Haltung, auf die Stirnpartie und die Wölbung des Kopfes, dessen abgegrenzte Maske. Damit nicht genug, prüfte er ganz besonders den Stop, den ausgeprägten Knick an der Nasenwurzel, ließ sich von Marlitt mit Naus Hilfe die Zähne zeigen, strich liebevoll über die schönen Behänge, lobte die Haarfarbe, die Form und die dunkle Beschaffenheit der ausdrucksvollen Augen und — hatte noch immer nicht genug gesehen, obgleich seine Assistentin im weißen Kittel bereits eine ganze Seite Notizen seiner Angaben gesammelt hatte. Den Füßen wandte er sich zu, prüfte die Zehen und die Rutenhaltung und gab sich dann schließlich zufrieden.

Wilm Nau atmete auf, gespannt auf das Urteil.

Dann vernahm er die Zusammenfassung der richterlichen Feststellungen: „Gebäude und Kopf sehr gut, Stop markant gut, Belefzung voll, Behang gut angesetzt, Auge dunkel und geschlossen, Scherengebiß ohne Fehler, Brust breit und tief, Hinterhand gut gewinkelt, Rutenhaltung vorbildlich, Haar, Farbe und Pflege zu loben!"

Wilm Nau war mit diesem Zeugnis zufrieden und kehrte mit einem wertvollen Silberbecher als Ehrengabe heim.

Die Autofahrt war für Marlitt ein Genuß. Aufmerksam verfolgte sie die vorüberhuschenden Häuser in den Dörfern, blickte aufmerksam den flüchtenden Hühnern und Gänsen nach und betrachtete immer wieder die weidenden Rinder auf den Wiesen. Als sie eine Katze über die Straße springen sah, erregte sie sich mächtig und wäre wohl am liebsten nachgesprungen. Dann rollte der schwere Wagen durch Wälder, querte Felder an Berghängen und in flachen Tälern, und bald hatten sie die heimatlichen Gefilde erreicht — der Alltag begann wieder.

Seit dieser ersten Autofahrt Marlitts schien ihr Interesse an den Spaziergängen mit ihrem Herrn über Feld und Flur noch gewachsen zu sein. Wie unterhaltsam war es für sie, wenn die Fohlen und Kälber auf den Weiden an den Zaun kamen, sich von Herrchen kraulen ließen und ihr mit heißen Nüstern neugierig entgegenschnupperten, anfänglich noch etwas scheu, bald aber vertrauter. Bei solchen Begegnungen wußte der Gutsverwalter auch die störrischen Tiere sich geneigter zu machen. Auch die unruhigsten Pferde ließen sich bald von ihm das Halfter anlegen. Er konnte sie in Anwesenheit Marlitts satteln und auch im Gespann fahren, was früher oft große Schwierigkeiten bereitet hatte und mehr als einmal nicht ohne Unfall abgegangen war.

Durch die vielen Erkundungsgänge kannte Marlitt bald die Gemarkungen des großen Gutes bis in die letzten Winkel. Besonders markante Punkte wie Findlingssteine, Bäume und Sträucher kennzeichnete sie auf ihren Streifen gern mit Urinspritzern wie zum Zeichen der Inbesitznahme. Als der Gutsherr einige Morgen Heideland zu seinem Besitz hinzugekauft hatte, hatte sie, die noch ein Fünftausendstel Gramm Urin wahrzunehmen vermochte, sich schnell an die Vergrößerung gewöhnt und sie in ihren Erkennungsdienst mit einbezogen. Die Zaunpfähle und die eingelassene Tür in der Umgrenzung hatten es ihr stets angetan.

Eines Sonntagmorgens unternahm der Verwalter einen ausgedehnten Spaziergang durch die Feldmark. Entgegen seiner Gewohnheit wollte er diesmal nicht jagen und trug daher auch keine Waffe, sondern nur seinen Eichenheister mit sich. Nachdem er sich vom Stand der Getreidearten überzeugt hatte, kam er auch an den Heideplan. Als er das Türchen im Zaun öffnete, stieß er auf eine Gruppe Halbwüchsiger, die es sich im Schutz schattenspendender Büsche und Bäume bei einem Kasten Bier gemütlich gemacht hatten. Ihre geröteten Gesichter verrieten, daß sie bereits reichlich dem Alkohol zugesprochen hatten. Im Begriff, an ihnen vorbeizugehen, verstellte einer der Burschen dem Inspektor den Weg.

„Hier kommt niemand durch“, lallte er mit schwerer Zunge. Und damit hob er auch schon seine halbgeleerte Flasche, um sie Nau auf den Kopf zu schlagen, während seine Kumpels lauthals lachten, sich die Lederjacken aufknöpften und alle Anstalt machten, ihren Boß dabei zu unterstützen.

Nau erblaßte angesichts der bedrohlichen Lage, aber er verlor nicht die Nerven, sondern faßte seine vierbeinige Begleiterin am Halsband, um mit ihr auszuweichen. Aber dazu ließen es die nächststehenden Burschen nicht kommen. Sie verstellten ihm gröhlend den Weg. Was nun?

In seiner Not ließ Nau die Hündin plötzlich los und zeigte mit kurzer Handbewegung auf den nächsten Gegner, als Marlitt auch schon den Kerl ansprang und ihn zu Boden warf. Darauf biß sie dem Boß in die Waden, daß er laut schrie und stand dann bereits über dem dritten, der unter ihrem Knurren weinerlich darum flehte, das „Biest" abzurufen. Von den übrigen drei Wegelagerern war nichts mehr zu sehen. Sie hatten die Flucht ergriffen.

Aber kaum hatten die Kerle ihre Wunden notdürftig verbunden, da sannen sie auf Rache. „Diesem dämlichen Gutsinspektor wollen wir einen tüchtigen Denkzettel verpassen!" war ihre Losung. „Wir warten bis Mitternacht", schlug der Anführer vor, „dann werfen wir ihm die Fenster ein. Während Josef und Karl Schmiere stehen, treten wir ihm die Haustür entzwei und jagen ihm Angst und Schrecken ein!"

Die Kumpels waren damit einverstanden, ohne sich recht über die Strafbarkeit ihres unsinnigen Tuns klar zu sein. Verabredungsgemäß trafen sie sich, umschlichen das Haus und stellten zu ihrer Befriedigung fest, daß die Fensterjalousien in der warmen Sommernacht wohl heruntergelassen, aber die Fenster offen waren.

Schon näherte sich der erste Schatten dem Haus, tastete sich an den Gartenbeeten entlang und griff nach dem ersten Holzladen. Er lauschte ins Zimmer hinein und konnte deutlich die Atemzüge der Schlafenden vernehmen. Ein Wink, und seine Komplizen kamen heran, willens, sich für die Abfuhr zu rächen.

Wieder hatten die Eindringlinge ihre Rechnung ohne die Bernhardinerhündin gemacht.

Marlitt nämlich, wie eine Meutegenossin der Familie, ruhte mit im Zimmer. Sie hatte bereits ausgeschlafen und wäre wohl nicht aufgestanden, hätte ihr feines Gehör nicht ein verdächtiges Geräusch am Fensterladen wahrgenommen. Lautlos erhob sie sich, um der Störung auf die

Spur zu kommen, und schon hatte ihre unablässig prüfende Nase die brandige Witterung von Zigaretten und Schnaps erfaßt, dieselbe Witterung, die den Burschen am Vortag angehaftet hatte.

Sie packte in dem Augenblick zu, als der erste seinen Kopf über den Sims hob. Ein schmerzvoller Aufschrei gellte durch die Nacht. Die hochgezogenen Rippen der Jalousie klapperten hernieder, und dann hörten Nau und seine Angehörigen, die erschreckt aus den Betten aufgefahren waren, nur noch flüchtige Tritte.

Das Licht wurde eingeschaltet, die Polizei von dem Überfall verständigt, aber von den Tätern war nichts weiter als ihre Fußspuren geblieben. Erst viel später, als man sie wegen weiterer Delikte verfolgte, konnte man sie festnehmen.

Marlitt hatte ihre große Bewährungsprobe bestanden. Es war nur zu verständlich, daß ihr Besitzer den Wunsch hatte, mit ihr zu züchten und Nachwuchs aufzuziehen.

Darum suchte Nau nach einem passenden Rüden und hatte bald das Glück, einen prächtigen Wurf sechs munterer Welpen zu erhalten.

Natürlich konnte Vater Nau nicht alle behalten. So hieß es für ihn, sie zunächst aufmerksam zu beobachten und nach ihrer Körperbeschaffenheit und ihrem Charakter richtig zu beurteilen. Dies war bei der Arbeitsbelastung des Hausherrn nicht leicht, und auch seine Frau war durch den Haushalt und die Betreuung der Kinder ebenfalls stark in Anspruch genommen. So nutzte ein jeder die wenigen freien Minuten des Tages, um sich mit den Welpen zu beschäftigen.

Ihre Spiellust wollte kein Ende nehmen, und Hans-Jörg und Annemarie waren stets begeisterte Zuschauer, wenn ihre Lieblinge Astor und Adda ihre Gegner mit ihren scharfen Zähnchen in Schach hielten. Allerdings standen ihnen Apoll und Argo in ihrer Rauflust nicht nach, während ihre Schwestern Atout und Aster besonders durch die Gewandtheit auffielen, mit der sie sich immer wieder aus den Zweikämpfen zu lösen vermochten.

Die größte Freude jedoch bereitete Nau seiner Bernhardinermeute stets dann, wenn er sie im Beisein Marlitts durch Feld und Wiesen führte. Überall ließen die Hundchen ihre dunklen Nasen über Stein, Gras und Boden gleiten. Alles mußten sie untersuchen und schmecken, um dann plötzlich einen kurzen Wettlauf einzulegen, bis ein greller Pfiff des Meisters sie allesamt wieder gehorsam zurückkehren ließ.

Großen Spaß machte es Nau, zu beobachten, wenn die Hunde einen Hasen oder ein Reh sichteten. Ganz anders als Hunde anderer Rassen, verweilten sie auf der Stelle, ohne dem Wild nachzuhetzen. Der Förster, der ein wachsames Auge auf sein Revier hatte, brauchte keinerlei Einwendungen gegen solche Ausflüge der Bernhardiner zu machen, weil er wußte, daß ihnen der Jagdtrieb fehlte.

Um so mehr nutzten die Welpen die Gelegenheit, zu baden. Noch williger, als es ohnehin der Fall war, ließen sie sich dann wieder in ihren Zwinger führen und genossen die Ruhe in ihren Boxen und das kräftige Futter, das ihnen Frau Brigitte zur gewohnten Zeit reichte.

Die Ausgänge des Gutsverwalters mit seiner Meute blieben den Bauern nicht unbemerkt. Die stattlichen Tiere fanden sie wohl schön, aber der eine oder andere hatte doch kein Verständnis für die Haltung so vieler Hunde und sparte nicht mit bissiger Kritik.

„Die fressen Ihnen doch Ihr ganzes Vermögen auf!" waren die wiederholten Zurufe der Neider und Besserwisser. Und: „Wie kann man bloß solche Riesen halten!" Oder es hieß gar: „Die sollten Sie mal vor einen Ackerkarren spannen, damit sie auch ihr Futter verdienen!"

Nau ärgerte sich darüber nicht. Meist tat er, als vernähme er diese Schmähungen nicht, oder er antwortete lachend, daß er noch nie reich gewesen sei und es auch gar nicht werden wolle. Dann brummten die Spötter.

In Wirklichkeit fiel die Futterhaltung der Tiere gar nicht so sehr ins Gewicht, da der ihm wohlbekannte Leiter des Schlachthofes immer reichlich Abfall an Pansen und Innereien hatte. Zuweilen konnte er sogar Fleisch, das für menschlichen Genuß nur bedingt tauglich war, zu geringem Preise abgeben, während Nau die Zukost an Getreideprodukten en gros von bekannten Futtermittelfabriken bezog.

Natürlich wollte er die Mehrzahl seiner Welpen bei Gelegenheit abgeben, aber er wartete damit so lange, bis er sich endgültig für den entschieden hatte, den er behalten wollte. Der Rüde Apoll war der Glückliche — für die andern kam der Tag der endgültigen Trennung.

Kaum hatten die neuen Besitzer den geforderten Preis entrichtet und Astor und Adda auf den Arm genommen, um sie mitzunehmen, da begann Hans-Jörg leise zu drucksen, bis er schließlich laut losheulte, weil er seine Lieblinge nicht wegziehen lassen wollte. Annemarie stimmte in das Geheul mit ein, und während Frau Brigitte die Kinder in ihr Zimmer führte, wurden auch ihr die Augen feucht, so daß Wilm Nau die Schwere der Trennung von seinen Hundchen auch noch zu fühlen begann, auch wenn die Käufer hoch und heilig versprachen, sie nach seinen Anweisungen zu pflegen und regelmäßig von sich hören zu lassen.

Weniger aufregend war dann die Abreise der übrigen Hunde, die durch Vermittlung des Klubs ins Ausland verfrachtet wurden. England und Amerika waren ihr Reiseziel, wo man sie bereits erwartete.

Apoll verspürte erstaunlicherweise schon in den ersten Tagen die Einsamkeit nicht sonderlich, was wohl darauf zurückzuführen war, daß die Kinder sich nun um so ausschließlicher mit ihm beschäftigten. Während seine Mutter Marlitt sich doch mehr zu Frauchen hingezogen fühlte, hielt er es bald lieber mit seinem Herrn, in dessen Schatten er stets zu finden war. Ob Wilm im Büro zu tun hatte oder in der Molkerei, auf dem Bienenstand oder im Treibhaus des Gutes, immer begleitete er ihn, und selbst in die Wohnungen des Personals folgte er seinem Gebieter.

Wie seine Mutter Marlitt konnte auch er die großen Katzen nicht leiden, aber sobald er die frisch gesetzten Miezen in der Scheune oder im Pferdestall entdeckte, ließ er sie unangetastet. „Er ist eben ein Kavalier!" lobte ihn Nau.

Im Innersten freute sich jedoch der Züchter darüber, daß auch bei Marlitts Sohn Apoll der Schutzinstinkt gegenüber hilflosen jungen Wesen voll ausgeprägt war. Diesem

Instinkt sollte auch Mariechen, das zweijährige Töchterchen einer Gutsarbeiterin, kurz darauf Rettung und Hilfe verdanken.

Eines Tages schlüpfte Mariechen heimlich aus dem Hausflur und lief zur großen Regentonne vor dem Hauseingang. Diese lieferte nicht nur Spülwasser für die Wäsche, sondern auch Erfrischung für die Blumen an der Fensterfront. Außerdem konnte Mariechen ihre Plastikentchen darin schwimmen lassen, und wenn das Mädchen es ganz geschickt anstellte, dann konnte es sich auch inmitten des Tonnenrahmens spiegeln.

Das wollte die Kleine auch heute, als sie sich mit ihren dicken Patschhändchen an der Faßwand emporzog, einen Augenblick verhielt und sich noch einmal heftig nach oben stemmte. Im gleichen Augenblick verlor sie das Übergewicht und rutschte kopfüber in die Tonne hinein. Voller Schreck schluckte das Kind gleich so viel Wasser, daß ihr Schreien nicht gehört wurde. Sie japste verzweifelt nach Luft, suchte mit den Händchen nach einem Halt, schürfte mit ihnen gegen die hölzerne Wandung und wäre wohl erstickt, wenn nicht plötzlich ein mächtiger Schatten am Hauseingang erschienen wäre und Richtung auf die plätschernde Tonne genommen hätte — es war Apoll.

Sofort hatte er die Lage überschaut und gespürt, daß hier etwas nicht in Ordnung war. Er entdeckte das mit dem Tode ringende Kind in der Tonne, packte es am Kittelchen und versuchte es über den Tonnenrand zu ziehen, was ihm nicht ganz gelang. Immerhin bekam Mariechen einen Augenblick Luft, dann rutschte sie wieder in die Regentonne zurück. Da begann der Rüde heftig zu bellen und zu jaulen, als auch schon der Gutsverwalter erschien und das Kind endgültig vor dem Ertrinken rettete.

Höchst bestürzt erschienen nun auch die Eltern, ließen es das geschluckte Wasser erbrechen und trugen es ins Haus, nicht ohne Nau immer wieder für die glückliche Rettung zu danken. Er aber winkte lächelnd ab und wies auf den Hund, der der eigentliche Retter war. Aber Apoll legte keinen Wert auf Belohnung — er war schon wieder auf und davon.

Wie sehr der Rüde das Mädchen von da an in sein Herz geschlossen hatte, zeigte sich bereits wenige Tage später, als Frau Brigitte vergebens nach der Kleinen rief. Sie suchte sie im ganzen Haus, im Garten, sie fragte die Kinder auf der Straße, ob sie sie gesehen hätten. Vergeblich — sie war spurlos verschwunden. Das Schlimmste schien zu befürchten, bis man auf den Gedanken kam, daß Apoll sie suchen sollte. Er aber, der sonst immer froh war, wenn er von der Kette gelöst wurde, gebärdete sich fuchsteufelswild und wollte niemand in seine Hütte lassen, bis es dem Verwalter schließlich durch gütiges Zureden gelang, ihn herauszulocken.

Wie groß war da Naus Erstaunen, als er Mariechen schlafend auf der Streu inmitten des Hundelagers vorfand. Behutsam weckte er sie und trug sie ins Haus, wo man aus dem Verwundern nicht herauskam.

Die Fürsorglichkeit des Bernhardiners war bald in vieler Munde. Man sprach von ihm und lobte seine Treue, und mancher der Spötter fühlte sich angesichts der Tatsachen geneigt, Besseres von ihm zu denken als bisher.

Eines Abends begleitete Apoll seinen Herrn zu einer Versammlung des Landvolks; er nahm schweigsam in der Ecke der Schankstube mit einem Platz unter der Bank vorlieb und störte sich nicht an dem Stimmengewirr und den bläulich dahinflutenden Tabakwolken. Längst war die zehnte Stunde vorüber. Die Versammlung war beendet, nur einige Unentwegte blieben noch zu einem Skat beieinander, unter ihnen auch der Gutsverwalter. Über Gewinn und Verlust verstrich die Zeit. Mitternacht rückte näher, als sich Apoll plötzlich unauffällig erhob, die Hintertür öffnete und im Hausflur Umschau hielt, obwohl er dort eigentlich gar nichts zu suchen hatte und es auch gar nicht seine Art war, in anderer Leute Wohnungen herumzuschnüffeln.

Hier jedoch war es anders, denn immer heftiger schnupperte er die Treppe zum oberen Stockwerk empor, prüfte den brandigen Geruch, der aus den Türritzen strömte, und begann mit einem Male ein mächtiges, so bedrohlich klingendes Geheul, daß es einem durch Mark und Bein drang. Stimmen wurden laut, Türen wurden aufgerissen.

„Feuer! Hilfe! Es brennt!" waren die ersten Schreckensrufe der Männer, die ihren Skat über der Gefahr vergaßen, die allen drohte. Die Wirtin erschien kreidebleich, während Nau die Feuerwehr alarmierte und man den Brandherd zu erkennen suchte.

Was war geschehen?

Das Dienstmädchen hatte vor dem Schlafengehen sein Bett mit einem Heizkissen gewärmt. An der zerrissenen Kabelschnur hatte ein Kurzschluß das Bett in Brand gesteckt, während niemand im Zimmer weilte.

Gottlob konnten sich die in den Nachbarräumen schlafenden Familienangehörigen noch rechtzeitig retten, aber all ihre Habe wurde ein Opfer der Flammen.

Eine Stunde später war die Gefahr gebannt. Ohne die Instinktsicherheit des Hundes wäre der Schaden wohl noch schlimmer ausgefallen.

Einige Monate später durfte der Gutsverwalter Apollos Einsatzbereitschaft am eigenen Leibe erfahren. Nau war nicht nur tagaus, tagein mit landwirtschaftlichen Fragen beschäftigt, auch die Arbeitskräfte machten ihm, oft genug mehr, als ihm lieb war, zu schaffen. Nicht jeder Hofgänger war fleißig und ehrlich, mancher glaubte, durch Diebstahl und Veruntreuung sich einen Gewinn zu verschaffen und mußte bald einsehen, daß er erkannt und dafür zur Rechenschaft gezogen wurde.

So auch der dreißigjährige Hondschak. Zähneknirschend nahm er seine Papiere in Empfang, quittierte seinen Lohn und hätte froh darüber sein müssen, daß Nau ihn nicht wegen seines Vergehens der Polizei gemeldet hatte.

Aber Hondschak sann darauf, dem Inspektor empfindlichen Schaden zuzufügen. Die Pferde hatten es ihm angetan, kostbare Reitpferde, zwei Füchse und zwei Braune. Er wußte, daß die Ställe nachts nicht verschlossen waren, und erschien mit etlichen Helfershelfern in stockdunkler Nacht.

Mit Scheinwerfern ausgerüstet, lösten sie die Halfter von den Krippen und führten die Füchse schon über die Stallgasse, als Nau plötzlich erschien und die Diebe stellte. In seiner Wut, sich auch diesmal überführt zu sehen, schlug ihn Hondschak brutal nieder — der Inspektor lag wehrlos am Boden. Man hätte ihn in der Rage unweigerlich umgebracht, wenn — ja wenn nicht sein treuer Schatten ihm auch zu dieser nächtlichen Stunde gefolgt wäre: Apoll.

Im Nu war er aus dem Dunkel geprescht, hatte den Rädelsführer mit seinem starken Gebiß gepackt und mit der ganzen Wucht seiner einhundertachtzig Pfund Körpergewicht auf das Steinpflaster geworfen, wo ihn heftige Bisse in Brust und Arme kampfunfähig machten. Alles ging so schnell, daß auch der zweite, bevor er sich in Sicherheit bringen konnte, eine derbe Abfuhr bekam, während die übrigen Gesellen Reißaus nahmen und sich nicht mehr sehen ließen.

Von dem Tumult waren die Nachbarn erwacht. Naus Hilferufe ließen sie herbeieilen, und während beherzte Fäuste die erschreckten Pferde wieder in den Stall führten, wurde der Verwalter ins nächste Haus getragen, von wo ihn der herbeigerufene Arzt sofort in die Klinik überführen ließ.

Der treue Bernhardiner schien die Abwesenheit seines Herrn und die Ungewißheit darüber, was ihm zugestoßen sei, nicht zu verwinden. Er wollte nicht recht fressen und verweigerte schließlich das Futter ganz, obgleich Frauchen ihm immer wieder gut zuredete und die feinsten Leckerbissen zurechtlegte. In ihrer Not, das heimwehkranke Tier nicht zu verlieren, entschloß sie sich, den Rüden zu einem Krankenbesuch in die Klinik mitzunehmen.

Mit seiner massigen Erscheinung erregte er beim Pflegepersonal wie bei den Patienten großes Aufsehen, und beinahe wäre Frau Nau mit dem Riesenkerl gar nicht vorgelassen worden, aber der rasch herbeigerufene Arzt gab schließlich seine Zustimmung, und so durften beide passieren.

Ziemlich unsicher setzte Apoll seine Füße auf dem glatten Parkettfußboden, auch schien ihm der Klinikgeruch gar nicht angenehm. Auf der Schwelle des Krankenzimmers blieb er beim Anblick der weißen Betten einen Augenblick unschlüssig stehen. Dann hörte er die leise Stimme seines Herrn, stutzte ein wenig — und stürmte zu ihm. Mit seiner Schnauze wühlte er quienend im weichen Bett und wußte sich vor Wiedersehensfreude nicht zu halten. Immer wieder leckte er Nau die Hände, stellte sich am Bettpfosten auf und wäre zu guter Letzt wohl gar in den weichen Pfühl hineingesprungen, wenn Frau Brigitte ihn nicht daran gehindert hätte.

Für die übrigen Zimmerinsassen war der Besuch eine willkommene Ablenkung von Schmerzen und trüben Gedanken, und als Frau Nau sich mit ihrem Vierbeiner verabschiedete, bedauerten alle ihren Fortgang.

Nau erholte sich daheim zusehends, und seine Arbeitskraft erreichte wieder ihre volle Höhe. Apoll war mehr noch als früher sein unablässiger Begleiter, Tag für Tag, Nacht um Nacht, wenn es galt, das Weidevieh auf den Koppeln, die Stallungen und die Speicher zu kontrollieren. Zu gern wäre er auch bei anderen Gelegenheiten zugegen gewesen, aber gesellschaftliche Ereignisse ließen seine Anwesenheit nicht immer zu.

So mußte Apoll daheim bleiben, als Inspektor Nau und seine Frau den Geburtstag eines Freundes in der Stadt feiern wollten.

Als es Mitternacht schlug, und das Ehepaar Nau zum Parkplatz ging, der einige hundert Meter entfernt war, vermißte Frau Brigitte beim Einsteigen in den Wagen ihre wertvolle Halskette.

„Ich hatte sie noch, als wir aus dem Hause gingen!" entsann sie sich.

Im Schein der Taschenlampe suchten beide die baumbestandene Straße ab, aber all ihre Mühe war umsonst.

„Womöglich hat sie bereits jemand gefunden und mitgenommen!" grollte der Verwalter auf der Heimfahrt, überzeugt, daß die Halskette endgültig verloren sei.

Nach kurzer Nachtruhe fuhr er noch einmal mit dem Hund in die Stadt. Ehe der Hauptverkehr einsetzte,

Gute Spielkameraden

Ein Wahrzeichen — das Fäßchen am Halsband der Bernhardiner

schickte er Apoll auf die Suche, nachdem er ihm Frauchens Witterung an einem ihrer Taschentücher auf den Weg gegeben hatte. Der Rüde schien sofort begriffen zu haben, worum es ging, und spürte fleißig über den Boden, bis er schließlich seinen Kopf nach oben wandte und ins Astwerk einer Linde wies.

„Was soll denn das bedeuten?" verwunderte sich Nau, kam näher und sah im Gezweige die Kette blinken. Hocherfreut nahm er sie an sich, voller Dank gegen den Finder, der sie ins Gezweig gehängt hatte, aber auch voller Stolz über seinen findigen Begleiter, der sie dort oben aufgespürt hatte.

Jahre vergingen — viele Ausstellungen hatte der Gutsverwalter bereits mit seinem Rüden besucht. In Stuttgart umringten ihn hundefreundliche Amerikaner mit ihren Fotoapparaten, um ein Bild von dem schönen Bernhardiner zu machen. In Garmisch und München waren beide gern gesehene Gäste. Das blaue Band und der goldene Ehrenkranz waren die äußeren Zeichen für die Wertschätzung des Rüden.

„Eccelente, veramente eccelente!" rief ein Italiener in Menaggio voller Begeisterung. In Innsbruck bekam Apoll das Cacib und in Versailles das Cac, die höchsten Auszeichnungen, die ein Preiskämpfer, ein Sieger unter den Getreuen des Großen Sankt Bernhard, überhaupt erhalten kann. Große Tageszeitungen brachten sein Bild und berichteten über seine Leistungen.

Man bot Nau verschiedentlich große Summen für den Hund, aber er schüttelte nur abweisend den Kopf. Er dachte nicht einen Augenblick daran, sich von seinem treuen Gefährten jemals zu trennen. Man bat ihn auch, Apoll zur Zucht benutzen zu dürfen — dies freilich war dem Verwalter nur recht.

So reisten oft genug nach fernmündlicher Anmeldung die schönsten Hündinnen der Rasse herbei und trugen sein vortreffliches Blut in die Lande hinaus, und zeugten von der Vortrefflichkeit seiner Art.

Bald war Nau in Züchterkreisen ein bekannter und geachteter Fachmann, dessen Ratschläge man gern einholte und dessen Mitarbeit in allen Fragen der Zucht sehr geschätzt wurde. Mit der Zeit freilich drohte sein unermüdlicher Einsatz seine körperlichen Kräfte zu übersteigen, zumal er sich mit weiteren Aufgaben der Zuchtverbesserung und der Ertragssteigerung befaßte und sich dabei nicht schonte.

Die Rinderherde in ihrer Milchleistung zu verbessern, war gegenwärtig sein Hauptziel. Die drei Zuchtbullen, die er vor einiger Zeit gekauft hatte, waren sein besonderer Stolz.

Nestor als der älteste der Vatertiere galt mit seinen vier Jahren als der zuverlässigste Vererber der mehr als einhundert Tiere umfassenden Herde. Darum durfte er auch vom ersten Austrieb der Kühe bis zum späten Herbst, wenn sie wieder aufgestallt wurden, bei ihnen bleiben. Er war ein aufmerksamer Hüter der Rinder, dem so leicht nichts entging. Sobald sich ein Fremder am Koppelzaun sehen ließ, ließ er seinerseits ein grollendes Muhen hören, kam schnurstracks näher getrabt und verfolgte den

Besucher dann so lange an der Umzäunung entlang, bis der sich wieder entfernte. Hätte er es gewagt, den Zaun zu übersteigen und die Wiese zu betreten, wäre Nestor sofort auf ihn losgejagt.

Er fühlte sich als unumschränkter Herrscher über die Milchlieferantinnen. Manch gedankenloser Pilzsammler, der die Koppel zur Abkürzung seines Weges querte, mußte seine Schätze stehen und liegen lassen und um sein Leben laufen, wenn ihm Nestor Beine machte.

Dem Melkermeister Kleinschmidt dagegen wagte er nicht Paroli zu bieten, seit der ihn mal verprügelt hatte. Meist blieb Nestor dann am Tor der Koppel stehen, brummte nur und begleitete den Meister bis zum Melkschuppen, wo Kleinschmidt die Melkmaschine in Betrieb setzte und die Rinder vom Milchdruck in den Eutern befreite. Und immer verlief der Abtransport der Kannen auf dem kleinen, von zwei Ponys gezogenen Karren reibungslos. Nestor gesellte sich dann wieder seiner Herde zu und spielte den Aufpasser.

Auch den Gutsverwalter kannte der Bulle von früh auf, ließ sich von ihm die Stirnhaare kraulen und begleitete ihn stets gelassen, wenn der Inspektor die eine oder andere zum Verkauf stehende Kuh in Augenschein nahm.

An diesem späten Augusttag freilich kam dem Verwalter das Verhalten des Stieres höchst sonderbar vor, als er das Koppelgelände durchschritt, um den benachbarten Maisschlag zu besichtigen. Während die Kühe friedlich wiederkäuend im Schatten der stattlichen Ahornbäume lagerten, begehrte der Bulle urplötzlich lauthals auf —

dann setzte sich der über zwanzig Zentner wiegende Koloß in Trab, genau auf ihn zu. Sein Benehmen verriet nichts Gutes.

Die Luft war schwül, und die Stechfliegen umschwirrten Mensch und Tier unablässig. Obwohl Nau beim Anblick des wild sich gebärdenden Stieres nicht ganz geheuer war, wollte er auch nicht umkehren. Er suchte nach einem Knüppel, fand aber keinen. Er rief Nestor bei Namen, aber der Gehörnte tat, als höre er nichts, verdrehte nur die blutunterlaufenen Augen in den Höhlen, senkte den Kopf und griff auch schon im Galopp an. Nau ließ ihn kommen und wich im letzten Augenblick geschickt aus. Haarscharf fuhr die Hornspitze an seinem Oberschenkel vorbei.

Kreidebleich erwartete Nau den zweiten Angriff. Zu gern hätte er ein paar Schritte zum Gatter hin getan, aber der Bulle vereitelte den Versuch mit der nächsten Attacke — schnaubte abermals, wendete und rückte bereits zum dritten Male an. Die Erde schütterte unter seinen schwarzen Hufen, Gras und Erdbrocken flogen hinter ihm zur Seite, und beinahe hätte er den noch zur Seite springenden Inspektor erwischt. Der bückte sich jetzt blitzschnell, packte einen Felsstein und warf ihn dem Berserker auf den Leib. Der Schlag brachte den Stier augenblicklich zur Besinnung. Er verschnaufte, während Nau auf den rettenden Zaun zu rannte ...

Er hatte kaum drei Sprünge getan, da war der Koloß schon wieder heran. Nau schrie ihn an, aber der Stier schien taub. In seiner Not warf der Inspektor seine Schilfleinenjacke dem Untier über den Schädel. Das half, aber nur einen Moment, und schon hatte es die Blende abgeschüttelt und erneut Ziel gefaßt.

Brandiger Gestank verbreitete sich. Nau war diesmal auf alles gefaßt ... aber urplötzlich bremste der Bulle im Anlauf ... schräg von hinten jagte ein Schatten auf ihn zu — Apoll war es, der mit einem mächtigen Satz dem Bullen an die Hinterhand fuhr und zubiß.

Völlig ernüchtert verhielt der Stier auf der Stelle, verschnaufte mit rot aufgeblähten Nüstern und suchte nach seinem Widersacher, sich im Kreise drehend. Aber der Rüde war flinker, drehte sich mit und zwickte und zwackte die empfindlichen Fesseln des Bullen. Und auf einmal kriegte der wütende Pascha das Laufen, und der Bernhardiner jagte ihn die Kreuz, die Quer durch die Koppel, während Nau, völlig erschöpft, zum Zaun wankte, sich dort schweißtriefend niedersetzte und seinem Herrgott für die Rettung in letzter Minute dankte.

Lange saß er mit Apoll auf einem Grashügel, schaute gedankenverloren den Insekten jagenden Schwalben zu, den ziehenden Wolken am blauen Himmel und freute sich, unversehrt zu sein ...

Bewährung in aller Welt

Die erstaunliche Rettungstat des Bernhardiners war bald in aller Munde. Apoll war einer der bekanntesten und begehrtesten Zuchthunde geworden, und die Zahl seiner Nachkommen wuchs wie sein Ruhm von Jahr zu Jahr in Ost und West, in Nord und Süd, im Inland wie in fernen Staaten.

Die Jahre vergingen. Die schöne Hündin Marlitt wurde vom Alter gezeichnet. Ihre Schritte wurden bedächtiger, und ihre Munterkeit schwand in dem Maße, wie ihre Sinneskräfte an Schärfe verloren. Eines Morgens hatte sie der Tod auf ihr Lager gestreckt. Betrübnis herrschte in der Familie Nau, als der Gutsverwalter in der Abendstunde sie im Park der Erde übergab, wo sie unter dem Rauschen uralter Eichen ruht.

An derselben Stelle fand nur zwei Jahre später auch der treue Apoll seine Ruhestätte. Er, der auch den Kampf mit Stieren bestanden hatte, war von einem Stier tödlich verwundet worden ...

Wenn der Gutsverwalter Zeit zum Verweilen hat, dann sucht er die durch einen mächtigen Findling gekennzeichneten Plätze seiner Getreuen auf im Gedenken an ihre Taten und an ihr liebes, anhängliches Wesen. Meist ist er nicht allein. Mal ist es der Rüde Dux, der ganz das Wesen seines Vaters Apoll geerbt zu haben scheint, der ihn begleitet, oder die Hündin Esprit, oder auch Fiduz, Guido, Hassan oder Iris mit Maud und Senta, die als Nachfahren der guten alten Marlitt nun das Geschlecht der Bernhardiner aus dem Hause Nau in die Zukunft weitertragen.

Wie schnell doch die Jahre entschwinden!

Inspektor Nau hat das Alter erreicht, um sich aus dem schweren und verantwortungsvollen Dienst des Gutsverwalters zurückzuziehen und seinem Sohn die Nachfolge zu überlassen. Er siedelt in sein eigenes Haus über, nachdem er für all seine Bernhardinerhunde neue Unterkünfte und Auslaufmöglichkeiten geschaffen hat.

Nun schreibt Wilm Nau bereits an den Ahnentafeln für die Welpen mit dem Buchstaben Z. Zeno, der Philosoph, Zar, der Herrscher, Ziu, der Kriegsheld, und Zara sind die Namen der letzten Nachzuchtprodukte einer aus der Schweiz zur Blutauffrischung erworbenen Hündin und dem Vererber Sensor.

Er widmet sich allein noch der Bernhardinerzucht mit Barry, dem hochprämierten Rüden und den vorzüglichen Hündinnen Zara und Express.

Sobald er seinen täglichen Morgenspaziergang mit den drei Trabanten beendet und gefrühstückt hat, fühlt er sich so recht in seinem Element. Er sichtet die Post, meist von Züchtern und Haltern von Bernhardinern, die allmorgendlich auf seinem Schreibtisch landet, erteilt fachkundige Ratschläge, vermittelt Hundeverkäufe und nimmt dankbar all die Meldungen entgegen, die nicht nur von den Leistungen seiner eigenen, sondern auch fremder Bernhardiner berichten.

„Unsere Hora macht sich seit einigen Monaten sehr nützlich. Sie läßt sich vor einen kleinen zweirädrigen Karren spannen, mit dem wir die Milch unserer Kühe von der Alm ins Tal holen." So schreibt eine Bäuerin aus der Schweiz, und der Posthalter von Goisern in Österreich lobt seine Xenia über alle Maßen, weil sie täglich im Sessellift die Post dreier Bergbauern an die Empfänger ausliefert. „Sie übt ihren Dienst schon das zweite Jahr aus, und bisher ließ sie sich nichts zuschulden kommen!" so schließt der stolze Besitzer.

Auch Briefe über Unarten von Bernhardinern erhält Wilm Nau.

„Heros macht uns viel Freude", teilt ein Hotelier aus der Schweiz ihm mit. „Sobald er aus seinem Zwinger darf, wartet er oft auf die Seilbahn, die die Skiläufer zu unserem Berggasthof emporbringt. Wenn sie nicht aufpassen, läuft er ihnen bei der Talfahrt hinternach und zwickt sie in den Hosenboden. Mehrmals mußte ich schon Schadenersatz leisten. Wie kann ich ihm die Unart abgewöhnen?" will der Herr wissen.

„Am besten häufiger an die Leine nehmen und ausführen. Heros ist körperlich nicht genug beansprucht und voller Übermut!" ist seine Antwort gewesen.

Ein Stadtbewohner aus Frankreich ergeht sich in Lobreden darüber, daß sein Rüde Pandur einer aufs Glatteis gestürzten alten Frau ohne irgendein Zutun aufgeholfen hat.

„Meine Hündin Preciosa, Mutter von drei saugenden Welpen, gestattete neulich einem Ponyfohlen, dessen Stute trotz bester Pflege zu wenig Milch gab, an ihrem

Gesäuge zu trinken", weiß ein Farmer aus Kanada zu berichten.

Und noch ein Brief gibt Wilm Nau zu denken. Er stammt von einem holländischen Blumenzüchter, dem er einen kräftigen Rüden verkauft hatte. Der Mann schreibt: „Kurz vor Weihnachten wollten meine beiden Kinder aus einem nahe bei meinem Grundstück gelegenen Waldrevier zur Ausschmückung der Geschenke etwas Tannengrün holen. Unser Hund Kommodore begleitete sie, wie er das schon immer gern tat. Als er ihnen plötzlich weit vorauslief, riefen sie aus Angst, er könnte in den nahen Kanal fallen, immer wieder seinen Namen, aber er kam nicht zurück. Sie folgten ihm sofort, sahen einen im Wasser treibenden Menschen mit den Wellen ringen. Der Rüde war bereits in die Fluten gesprungen, hatte den mit dem Tode Ringenden gepackt und zum Ufer gezogen. Inzwischen war der Kanalwärter aus dem nahen Brückenhaus herbeigeeilt und hatte den Mann geborgen. Er nahm sich seiner sofort an und trug ihn in seine Wohnung, wo der Unglückliche wieder zum Bewußtsein kam.

Wir sind sehr stolz auf unseren Kommodore, der seinen schönen Namen zu Recht trägt. Wir haben ihn daheim sofort in die Badewanne gesteckt und mit dem Fön behandelt, was er sich sehr gern gefallen ließ. Er hat alles gut überstanden. Wir wünschen Ihnen und Ihrer Familie ein gesundes neues Jahr und guten Erfolg!"

Wilm Nau schmunzelt über den Tatsachenbericht. Ja, wasserscheu sind seine Bernhardiner nicht. Während seines letzten Sommerurlaubes hat er es wiederholt erlebt, daß sein Barry immer zur Stelle war, wenn er in die offene

See hinausschwimmen wollte. Er packte ihn sofort am Badezeug und wollte ihn ins Seichtwasser zurückziehen. Seine Fürsorge war so groß, daß sie sich auch auf andere Badegäste erstreckte, was zuweilen zu kleinen Auseinandersetzungen führte, die Nau aber immer in Güte regeln konnte.

Von diesem Urlaub an der See sichtlich erholt heimgekehrt, brachte der Umbau einer Eisenbahnbrücke in der Nähe seines Grundstückes große Unruhe. Baubaracken, der Lärm der Rammen, Motorengeratter und starkes Autogehupe waren bis in den späten Abend zu hören, ganz zu schweigen von dem Staub, der in dichten Wolken über den Baustellen wirbelte.

Durch seine regelmäßigen Spaziergänge, die ihn an den Baustellen vorüberführten, kannten ihn bald alle Arbeiter, und natürlich auch seine Hunde. Man bewunderte sie, und die Vierbeiner störten sich keineswegs an dem lauten Betrieb.

Eines Nachts kam Barry an Naus Bett geschlichen und weckte ihn auf, denn er mußte etwas Ungewöhnliches wahrgenommen haben. Nau erhob sich behutsam, um seine Frau nicht zu stören, warf seinen Schlafrock über und schaute sich in Haus und Garten um, aber es fiel ihm nichts Außergewöhnliches auf. Barrys wiederholtes Bellen jedoch hatte die in der Baracke ruhenden Arbeiter aufgescheucht, die sofort aufstanden und zu ihrem Erstaunen entdeckten, daß ihr Sandsturmzelt zerschnitten worden war. Schläuche und Arbeitsgerät waren unbrauchbar gemacht worden, und außerdem hatten unbekannte Täter mehrere mit Kies gefüllte Karren auf die Eisenbahngleise gefahren. Man vermutete, sie hätten einen Sabotageakt auf den nächsten D-Zug geplant.

Und richtig: nachdem man die Eisenbahnbeamten alarmiert und die Schienen geräumt hatte, fand sich der Verdacht bestätigt. Damit konnte zum Glück eine Katastrophe vermieden werden. Freilich suchte die mit Spürhunden erschienene Bahnpolizei vergebens nach den Tätern.

Zwei Tage später weckte Barry seinen Herrn abermals in der Nacht und begehrte Auslaß ins Freie. Nau gab kopfschüttelnd seinem Drängen nach. Der Hund verschwand augenblicklich, und dann hallte lautes Geschrei durch den Hausgarten. Der Rüde hatte nämlich einen jungen Mann gestellt, der sich verbotenerweise darin aufgehalten hatte. Zwei seiner Komplizen wollten ihn befreien, aber Barry jagte sie sofort in die Flucht.

Es dauerte nicht lange, so waren die Täter allesamt gefaßt. Bei ihrer polizeilichen Vernehmung gestanden sie zerknirscht, daß sie dem glotzäugigen Riesenschaf — und damit meinten sie seinen Bernhardiner! — nicht viel an Mut zugetraut hätten.

Wilm Nau, der das Vernehmungsprotokoll gerade liest, kann über so viel Einfalt nur lächeln. Wie kann man sich nur so in seinem Barry täuschen! Ist er nicht aus demselben Wurf wie sein nach Alaska an Mister Streber verkaufter Bruder Beryll?

Von seinem Besitzer trifft zur gleichen Zeit ein dicker Brief ein, dessen Inhalt den Züchter ganz besonders erfreut. „Meine Frau und unser Töchterchen Celeste“, so schreibt Streber, „waren in den benachbarten Wald gegangen, um Beeren zu pflücken und das Wochenende in unserem Blockhaus zu verbringen, von wo ich beide am Sonntagabend wieder abholen wollte. Wir haben schon öfters schöne Stunden in diesem Waldstück verbracht, Tiere beobachtet und uns bestens erholt. Ich machte zuerst Bedenken geltend, daß meine Frau allein und ohne Schußwaffe gehen wollte, aber sie lächelte nur unter Hinweis auf unseren starken Beryll, der sich bereits marschbereit an ihre Hüfte schmiegte.

‚Wenn der bei uns ist, lieber Paul, brauchen Celeste und ich kein Gewehr!' sagte sie und zog unternehmungslustig mit Tochter und Hund davon.

In der Nacht begann Beryll plötzlich zu brummen und weckte damit Frau und Tochter auf. Sie wurden auf seltsame Geräusche aufmerksam, die um die Hütte geisterten. Zuweilen rumorte es ganz in der Nähe, und dann schien es meiner Frau, als wenn etwas über die Dachschindeln tappte. Zu sehen war allerdings nichts von den vermeintlichen Ruhestörern.

Als die Morgensonne strahlend über den Waldwipfeln stand, machten meine Frau und meine Tochter im Wald einen Spaziergang. Während Celeste nach einem einfachen Mittagsmahl in ihrer Koje schlief, hantierte meine Frau auf dem Vorplatz des Hauses herum. Sie hatte die Tür der Hütte offengelassen. Während sie trockenes Holz als Vorrat für einen bevorstehenden Besuch sammelte, stieß sie plötzlich mit einem jungen Grizzlybär zusammen, der ganz erschrocken vor ihr zurückwich und flüchtete. Voller Angst lief meine Frau zur Hüttentür, als sie auch schon vor der Altbärin stand, die sie sofort mit erhobener Pranke annahm und mit einem schweren Schulterhieb zu Boden schlug.

Wer weiß, was die Bestie darauf getan hätte?

Auf jeden Fall wurde sie plötzlich von meiner Frau abgelenkt, da Beryll aus der Hütte sich auf die Bärin stürzte und diese in einen wilden Zweikampf verwickelte. Wohl wurde er mehrmals durch Prankenhiebe verletzt, aber auch er setzte der Bestie stark zu, so daß sie es vorzog, mit ihren beiden Sprößlingen den Rückzug anzutreten.

Celeste hatte von allem nichts gespürt; unversehrt und wohlbehalten ruhte sie in ihrem Bettchen, als ich voller böser Ahnungen früher als verabredet eintraf und Frau und Hund helfen konnte, die Wunden zu pflegen.

Alles ist noch einmal gut gegangen, und wir sind froh, daß unsere Patienten wieder wohlauf sind.

Auf jeden Fall freuen wir uns über den mutigen Einsatz unseres Beryll. Wir beglückwünschen Sie zu Ihren schönen Tieren und hoffen auf weitere Zuchterfolge!"

Wilm Nau liest den Brief mehrmals in seiner Gartenlaube, schließt die Augen und versetzt sich im Geist in die urwüchsigen Gefilde Alaskas, kehrt über Schottlands Gebirge in die ihm wohlbekannten Schweizer Alpen zurück und hält stille Einkehr bei den Chorherren auf dem Paß des Großen Sankt Bernhard, der seinen Lieblingen den Namen gegeben hat.

Welch eine weltweite Spanne haben diese Hunde in den letzten zweihundert Jahren überbrückt! Früher noch kaum bekannt und noch auf den Höhen rings um den wohlbekannten Paß und das Hospiz der Augustiner zu Hause, sind sie durch ihre Schönheit, durch ihren friedvollen Charakter wie durch ihre unwandelbare Treue in vielen Teilen des Erdballs heimisch geworden, überall hochgeschätzt und von ihren Besitzern vielgeliebt.

Ihnen, seinen Bernhardinern, dabei ein wenig geholfen und ihren Freunden unter den Menschen etwas von der Freude zum Tier geschenkt zu haben — darüber empfand Wilm Nau besondere Genugtuung und Freude in diesen Tagen, da die Strahlen der Sonne sein silbriges Haar vergoldeten, die Trauben reifen ließen und der Herbst ihn und seine Hundemeute wie eh zu weiten Wanderungen durch Feld und Wald verlockte . . .

...UND IMMER WIEDER

Viele neue bunte FISCHER-BÜCHER aus Göttingen

224 Seiten
viele bunte Bilder
Offsetdruck
9 80 DM

128 Seiten
viele bunte Bilder
Offsetdruck
7 80 DM

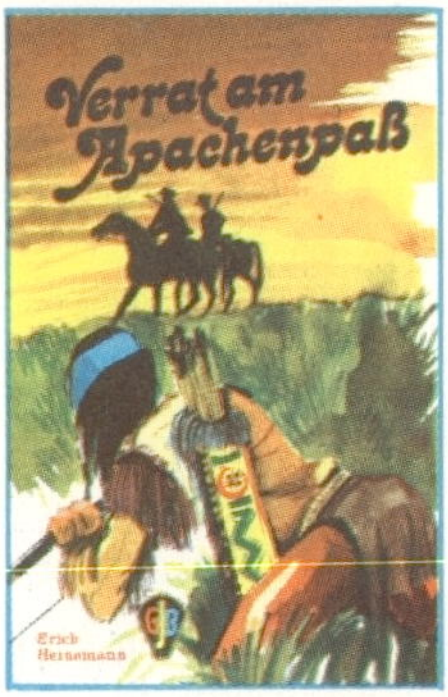

136 Seiten
viele bunte Bilder
Offsetdruck
6 80 DM

136 Seiten
viele bunte Bilder
Offsetdruck
5 95 DM

200 Seiten
viele bunte Bilder
Offsetdruck
8 80 DM

92 Seiten
viele bunte Bilder
Offsetdruck
6 80 DM

80 Seiten
viele bunte Bilder
Offsetdruck
4 95 DM

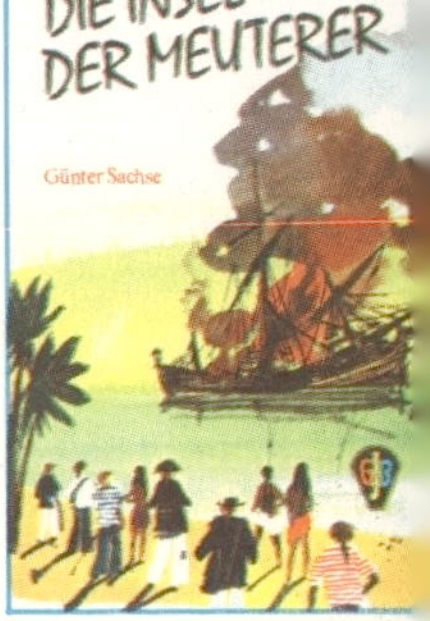

144 Seiten
viele bunte Bilder
Offsetdruck
5 95 DM